EDGAR BÖHM

Drückjagd auf Sauen

EDGAR BÖHM

Drückjagd auf Sauen

Planung – Organisation – Durchführung

NEUMANN-NEUDAMM
Verlag für Jagd und Natur

Bildnachweis

Erich Marek: Titelbild

Erik Mailick: Zeichnung auf Seite 19

Jens Krüger, Seite: 70, 71, 85 un.

Karl-Heinz Volkmar, Seite: 45 un., 46 un., 47 un., 96/97, 110

Lukas Wernicke, Seite: 2, 17, 33 un., 36, 37 ob., 38/39, 41, 46 ob., 47 ob., 51, 53, 61, 62, 73, 95, 100 ob., 100/101 un.

Alle übrigen Fotos und Zeichnungen vom Verfasser

Das Werk einschließlich aller seiner Teile ist urheberrechtlich geschützt. Jede Verwertung außerhalb der engen Grenzen des Urheberrechtsgesetzes ist ohne Zustimmung des Verlages unzulässig und strafbar. Das gilt insbesondere für Vervielfältigungen, Übersetzungen, Mikroverfilmungen und die Einspeicherung und Verarbeitung in elektronischen Systemen.

© 2004 Neumann-Neudamm AG, Melsungen
Printed in Germany
Reproduktion und Titelgestaltung: Ratz-Fatz, Melsungen, mit einem Foto von Erich Marek
Redaktion und DTP: Verlag J. Neumann-Neudamm
Druck und Verarbeitung:
Werbedruck GmbH Horst Schreckhase, Spangenberg
ISBN 3-7888-0984-1

Inhaltsverzeichnis

Vorwort 7
Empfehlungen der Jagdreferenten des Bundes und der Länder für die Durchführung von Bewegungsjagden 10
Schwarzwild als Wechselwild oder als Standwild 13
Versicherungen 15
Treib- und Drückjagdbeobachtungen 18
Bekleidung 20
Die Waffe und der Schuss 24
Ansprechen des Schwarzwildes 34
Körperbau und Trefferzonen 48
Wie ziele ich beim Büchsenschuss? 50
Kleinere Drückjagden 60
    Drückjagd im Wald 60
    Drückjagd im Mais 67
Größere Drückjagden – Revierübergreifende Drückjagden 74
    Planung 74

- Aufgaben des Jagdherren 74
- Aufgaben der Schreibkraft 79
- Aufgaben des Gruppenleiters 84
- Durchführung 90
- Abschlussarbeiten 106

Schlusswort 111

Zum Autor 112

Literatur-Hinweis 113

Vorwort

Seit Jahrzehnten vermehrt sich das Schwarzwild in Deutschland sehr stark. Besonders im süddeutschen Raum, in dem es bis vor etwa 25 Jahren nicht viel Sauen gab, nahmen und nehmen die Bestände stetig zu, und die Sauen – bisher in den meisten Revieren nur Wechselwild – sind nun in vielen Revieren Standwild.

Ein Vergleich:
Im Jahre 1939 wurden im damaligen Reichsgebiet, zu dem seinerzeit noch die bekannten guten Jagdgebiete in Mitteldeutschland und Ostdeutschland, wie in Ostpreußen, Schlesien usw., gehörten, nur 10 100 Stück Schwarzwild erlegt. – 1974/75 waren es in der kleineren Bundesrepublik bereits 40 700 Stück.

Unterdessen haben sich die Abschusszahlen, die ein Maßstab für den Wildbestand sind, im Jagdjahr 1981/82 auf 155 078 Stück und nur 10 Jahre später, im Jagdjahr 1991/92, auf 312 768 Stück erhöht. Im Jagdjahr 2001/02 wurden bundesweit bereits 350 976 Stück Schwarzwild erlegt.

Diese enorme Steigerung der Abschusszahlen gibt ein deutliches Bild von der hohen Vermehrungsrate und der damit verbundenen Ausbreitung dieser Wildart wieder.

Sicher spielt auch der natürliche Wandertrieb eine Rolle. Hier hat die Entfernung der Grenzzäune nach dem Anschluss der DDR – wie auch bei anderen Wildarten – die Migration des Schwarzwildes zusätzlich gefördert und so u. a. zur genetischen Vielfalt und damit sicherlich zur Vitalität der Bestände beigetragen.

Hauptgründe für das starke Anwachsen der Schwarzwildpopulation insbesondere in den letzten 10 Jahren, dürften sein:

- Die Klimaveränderung, die uns milde Winter beschert. Aus diesem Grunde überlebt der Großteil der Frischlinge, auch solche, die Ende Januar/AnfangFebruar geboren werden.

- Die starke Eichen- und Buchenmast der letzten Jahre hat für ausreichend Nahrung und somit auch für eine höhere Fruchtbarkeit beim Schwarzwild gesorgt.

- Ganz maßgeblichen Anteil hat die Veränderung der Landwirtschaft, die mit Beginn der 70er-Jahre des vergangenen Jahrhunderts weg von kleinbäuerlichen Strukturen und Schlaggrößen hin zu möglichst großen Anbauflächen, besonders von Getreide und Mais, führte. Vor allem die Maisanbauflächen wurden enorm gesteigert. In riesigen Schlägen finden die Sauen seither den Sommer über ausreichend Nahrung und Deckung; sie sind in diesen Flächen schwer zu bejagen; sicherer Einstand und beste Ernährungsgrundlage tragen zur Vermehrung bei.

- Schließlich gewinnt auch die Tatsache, dass im Dezember/Januar geborene Frischlinge, die gut genährt durch den Sommer kommen im Spätsommer/Herbst schon ein Gewicht (aufgebrochen) von ca. 35 kg erreichen und bereits geschlechtsreif sein können, eine bedeutende Rolle. Solche frühreifen Frischlingsbachen werden zur Unzeit beschlagen und können Anfang des Winters bereits frischen und ihren Beitrag zur rasanten Vermehrung der Schwarzwildpopulation leisten.

Allgemein kann gesagt werden, dass sich das Schwarzwild bei uns recht wohl fühlt, sich stark vermehrt und auch künftig in Gebiete vordringen wird, in denen es bisher nicht heimisch war, z. B. auch in höhere Mittelgebirgslagen.

Eine neue Wildart im Revier erhöht zunächst einmal die Freude am Jagen – wenn, ja wenn nur die Wildschäden nicht wären!

Da in fast allen Jagdpachtverträgen der Ausgleich von Wildschäden verankert ist, sind die Revierinhaber zur Zahlung verpflichtet. Diese Auflage kann für so manchen Jagdpächter ein harter finanzieller Eingriff in sein Privatvermögen sein, ja sogar seine Existenz gefährden.

In den Sommermonaten hält sich diese Wildart überwiegend in den Feldfluren auf (Getreide, Raps, Mais) und ist dort nur schwer zu bejagen. Den Winter verbringen die Sauen überwiegend in den Schutz und Nahrung bietenden Waldungen, um von dort aus die Wintersaaten und im Frühjahr die Wiesen heimzusuchen.

Um die Feld-/Wald-Revier-Pächter und somit auch die Landwirte von Flurschäden zu entlasten, haben sich zur effektiven Reduktion der Schwarzwildbestände neben dem selektiven Abschuss nicht führender Bachen beim Ansitz winterliche Drückjagden und das Sauendrücken im Mais bewährt.

Da viele Revierinhaber von der Lebensweise und Wirkung dieser für sie neuen Wildart buchstäblich überrascht werden und kaum oder keine Erfahrung mit Drückjagden auf Sauen haben, bietet dieses Buch Hilfen aus der Praxis an.

Waidmannsheil

EDGAR BÖHM

Empfehlungen
der Jagdreferenten des Bundes und der Länder für die Durchführung von Bewegungsjagden

Bewegungsjagden haben den Sinn, die jagdlichen Eingriffe zur Erfüllung des Abschusses zeitlich zu konzentrieren. Hierdurch können der Jagddruck und damit störungsbedingte Wildschäden reduziert werden.

Als Bewegungsjagden werden heute im Allgemeinen großflächig angelegte, oft jagdbezirksübergreifende Gesellschaftsjagden auf Schalenwild bezeichnet. Das Wild soll, nachdem es in seinem Einständen durch Jagdhelfer und/oder Hunde beunruhigt worden ist, die weiträumig postierten Schützen möglichst vertraut anwechseln, sodass es in Ruhe richtig angesprochen und sicher erlegt werden kann.

Bei der Durchführung von Bewegungsjagden sollen die folgenden Regeln eingehalten werden; in Einzelfällen können Abweichungen gerechtfertigt sein:

> Bewegungsjagden sollten nicht vor Mitte Oktober (Laubfall) und möglichst nicht nach Jahresende abgehalten werden. Ein und dieselbe Jagdbezirksfläche sollte nur einmal im Jahr mit dieser Jagdmethode bejagt werden.
>
> Bewegungsjagden beinhalten 1 bis 2 Treiben, die regelmäßig nicht länger als 2 Stunden dauern sollten. Wird diese Zeitdauer überschritten, so sind Aufbrechpausen einzuplanen.
>
> Soweit Hunde eingesetzt werden, sind nur sicher fährtenlaut jagende, niedrigläufige Hunde bis Wachtelhundgröße einzusetzen.

Die Zahl richtet sich nach den Jagdbezirksverhältnissen und nach Größe und Verteilung der Einstände. Im Zweifelsfalle ist es besser, wenige, aber erfahrene Hunde vorzusehen.

Die Hunde sollen einzeln so angesetzt werden, dass sie während des Treibens das Wild einzeln jagen. Hundemeuten werden nicht eingesetzt. – [Nach dem bayerischen Landesjagdgesetz sind nur vier Treiber zugelassen (Art.30, Bay.JG)]

Der Hundeeinsatz muss so geplant werden, dass ein Überjagen in benachbarte Jagdbezirke möglichst auszuschließen ist.

Die unterschiedlichen „Aktionsradien" der Hunde sowie die Größe und Verteilung der Hunde auf die Jagdfläche ist zu berücksichtigen.

Zur Planung des Hundeeinsatzes gehören auch Vorkehrungen zur tierärztlichen Versorgung evtl. verletzter Hunde.

Schützenstände sind sorgfältig festzulegen und grundsätzlich zu markieren. Dadurch sollen Sicherheit und Jagderfolg optimiert werden. Im flachen Gebiet haben sich erhöhte Stände (insbesondere Kleinhochsitze) bewährt.

Des Weiteren sind die üblichen Sicherheitsmaßnahmen zu treffen. Hierzu zählen insbesondere Warnhinweise an Wegen und Straßen, Hutbänder, besser Warnwesten für Schützen, Warnwesten für Jagdhelfer und das Verbot, die Schützenstände während des Treibens zu verlassen.

Die Freigabe von Wild durch den Jagdleiter muss die Sozialstruktur des Wildes und die Erfordernisse des Tierschutzes berücksichtigen. Ziel muss es sein, führende weibliche Stücke nicht vor dem zugehörigen Jungwild zu erlegen.

Das Wild kann auch ziehend oder im Troll breit beschossen werden. Dabei sind Schüsse zu unterlassen, die nach den gegebenen Umständen keine hinreichende Treffsicherheit erwarten lassen. Rehwild darf nur beschossen werden, wenn es verhofft. Auf offensichtlich angeschossenes Wild ist jeder mögliche Schuss, der der Erlegung dient, abzugeben.

Für Kontroll- und Nachsuchen müssen qualifizierte Schweißhunde in ausreichender Zahl bereitstehen. Nachsuchen und damit verbundene Maßnahmen sind nur von den von der Jagdleitung beauftragten Personen durchzuführen.

Zu Beginn der Jagd ausgegebene Standkarten, auf denen die Schützen ihre Beobachtungen (Anblick nach Wildarten, Anzahl, Geschlecht, Stückzahl, ggf. abgegebene Schüsse etc.) eingetragen haben, erleichtern die Nachbereitung der Jagd (Nachsuchen, vorkommendes Wild, Hinweise zur Jagddurchführung).

Zur Einhaltung der bestehenden wildbrethygienischen Vorschriften muss für fachgerechtes Aufbrechen, ausreichendes Auskühlen und sachgerechtes Transportieren des Wildes Sorge getragen werden.

Nicht für alle der vielfältigen Aspekte, die bei Bewegungsjagden von Bedeutung sind, lassen sich allgemein gültige Regeln entwickeln. Es kommt deshalb insgesamt auf ein der jeweiligen Situation angepasstes, verantwortungsbewusstes Handeln aller Jagdbeteiligten an.

Schwarzwild
als Wechselwild oder als Standwild

Beide Vorkommensarten zeigen verschiedene Auswirkungen und bedingen unterschiedliche Interessenlagen der Revierinhaber einerseits sowie der Land- und Forstwirtschaft und auch der Bevölkerung andererseits

In Wechselwildrevieren, in denen Sauen sporadisch Schäden in der Feldflur anrichten, wird diese Wildart von den Landwirten als Schadwild angesehen und gefordert, die neu zugewanderten Sauen so stark zu bejagen, dass der wildschweinfreie Raum in Zukunft wieder hergestellt wird.

Die Freude des Jägers an der neuen reizvollen Wildart in seinem Revier wird ihm durch den Druck der Bauern stark gemindert. Er kann durch die Schadenszahlungen so stark sein, dass die Existenzgrenze des Revierinhabers erreicht wird.

In Standwildrevieren, in denen Schwarzwild immer schon lebte, ist diese Wildart auch bei der Bevölkerung dieses Raumes als Mitgeschöpf weit gehend toleriert und wird im Allgemeinen von der Forstwirtschaft als Schädlingsvertilger und Bodenverbesserer geschätzt.

Überwiegend ist das Vorkommen auf waldreiche Gebiete begrenzt. Aus diesen Waldflächen heraus wird die Nahrungssuche der Sauen auf landwirtschaftliche Flächen, aber auch auf Gartenflächen waldnaher Baugebiete, Sportflächen etc. ausgedehnt. Die Ausgleichzahlungen für Wildschäden können sehr hoch sein.

Aus diesem Grunde sind in solchen Revieren bzw. Revierzusammenschlüssen so genannte **Wildausgleichskassen** einzuführen, in die eine Mehrheit der Revierinhaber Beträge einzahlt, um die Wildschäden damit zu begleichen. Hierbei ist nach Größe der Reviere und Wildvorkommen zu unterscheiden. Leider gibt es dieses Modell vorerst nur in Mecklenburg-Vorpommern!

Besondere Beachtung verdienen Waldflächen, wo Privat- und/oder Genossenschaftsreviere an Staatsforsten angrenzen, aus denen das Schwarzwild ja gleichermaßen in die Feldflur zur Nahrungssuche zieht. Je nach Bundesland wäre hier zu prüfen, ob sich die Landesforstverwaltungen an solchen Wildschadensausgleichskassen – auf Grundlage der vorhandenen Vorschriften – beteiligen dürfen/sollten.

Schwarzwildschäden in der Feldflur sind von der Höhe des Wildbestandes, der in den Herbst- bis Frühjahrsmonaten in den großen Waldungen lebt, abhängig. Aus diesem Grunde müssen die **Waldjäger** mit den **Feldjägern** möglichst gut zusammenarbeiten.

In den Sommermonaten ist auf den Feld-Wiesen-Flächen die Jagd stärker auszuüben, im Wald dagegen zu reduzieren. Hier sind, soweit die Voraussetzungen stimmen, Ablenkfütterungen zu beschicken, um die Sauen im Wald zu halten.

In den Herbst- und Wintermonaten, in denen sich die Sauen im Wald aufhalten, ist hier mit Hilfe von Kirrungen und selektivem Abschuss nicht führender Bachen einerseits und durch effektive Drückjagden andererseits der Wildbestand auf einer tragbaren Höhe zu halten, wobei besonders revierübergreifende Bewegungsjagden hilfreich sein können.

Versicherungen

1. Gesetzliche Jagdpflichtversicherung

Jeder Jagdscheininhaber unterliegt der Versicherungspflicht, d. h., er bekommt seinen Jagdschein nur dann von der unteren Jagdbehörde ausgehändigt, wenn er den Abschluss einer Jagdhaftpflichtversicherung nachweist.

Der Jagdscheininhaber hat allerdings die Auflagen, an die ihn der Versicherungsvertrag bindet, zu erfüllen. Der Versicherungsumfang erstreckt sich i. d. R. auf Personenschäden, Sachschäden und Vermögensschäden.

2. Landwirtschaftliche Berufsgenossenschaft

Die Pacht eines Jagdreviers entspricht dem Erwerb und dem betrieb eines land- und forstlichen Unternehmens. Sie unterliegt der Versicherungspflicht mit einem land- und forstlichen Sozialversicherungsträger (LSV). Die Berechnung der Versicherungsprämie erfolgt nach Hektar Pachtfläche. Die Berufsgenossenschaft empfiehlt bei Gesellschaftsjagden (Drückjagden auf Sauen sind Gesellschaftsjagden) folgende Regeln zu beachten:

a) Gesellschaftsjagden sind besonders gefährlich, weil sich im Gefahrenbereich Personen mit Schusswaffen befinden und diese bei der Jagdausübung auch gebrauchen. Daher hat ein jeder Jagdleiter für einen sicheren Jagdablauf zu sorgen. Neben dem allgemein gültigen Grundsatz „Jeder haftet für seinen Schuss selbst" müssen die Schützen Folgendes beachten:

b) Die Waffe ist erst auf dem Stand zu laden und nach Beendigung des Treibens sofort zu entladen. Außerhalb der Drückjagd ist sie mit geöffnetem Verschluss oder abgeknickt und mit der Mündung nach oben zu tragen.

c) Die Schützen und die Treiber haben sich so zu kleiden, dass sie sich deutlich farblich von der Umgebung absetzen (mindestens Hutband für Schützen – Treiber, Hundeführer, Durchgehschützen tragen Warnwesten etc.)

d) Die Schützen haben sich nach Einnahme des Standes mit ihrem Nachbarschützen zu verständigen und den Stand bis zum Ende des Treibens beizubehalten (keine Anschusskontrolle während des Treibens!).

e) Das Durchziehen der angeschlagenen Waffe durch die Schützen- und Treiberlinien oder vorbei an anderen Personen oder das Schießen in eine Richtung, in der Menschen gefährdet werden könnten, ist untersagt.

f) Durchgeh- und Treiberschützen dürfen nur entladene Waffen mitführen. Das Mitführen einer unterladenen Schusswaffe ist ausnahmsweise für: den Eigenschutz gegenüber annehmendem Wild, den Fangschuss und den Schuss auf von Hunden gestelltes Wild zulässig.

g) Bei der Schussabgabe ist auf einen sicheren Kugelfang zu achten. Bei Maisjagden im Flachland ist es sinnvoll, landwirtschaftliche Anhänger um das Maisfeld aufzustellen und die Schützen darauf zu postieren. So ist beim Schuss aus erhöhter Position i. d. R. Kugelfang gewährleistet. Das Wild ist an die Geräusche landwirtschaftlicher Fahrzeuge gewöhnt und wechselt normalerweise vor Jagdbeginn nicht aus.

3. Jagdrechtschutz-Versicherung

Jedem Jäger kann anlässlich der Jagdausübung ein Missgeschick passieren. Ärger mit Polizei, Krankenhaus, Rechtsanwälten und Gerichten können die Folge sein. Aus diesem Grunde ist es ratsam und vorteilhaft, wenn der Jagdausübende einen sachverständigen Rechtsbeistand hat, dessen juristische Hilfe sehr wertvoll sein kann.

Bevor das nächste Waldstück getrieben wird, sammeln sich Hundeführer, Durchgehschützen und Treiber auf einem Querweg, um sich neu auszurichten.

Treib- und Drückjagdbeobachtungen

Leute, die sich Jäger nennen
und auf ihren Ständen pennen,
oder aber auch die Jenen
die am Stande husten, gähnen,
oder solche Jäger gar,
die auf ihren Ständen rar,
oder solche, die recht laut
Spielchen treiben mit der Braut:
Alle diese Jägersleute
machen sicher keine Beute.
Lob ich mir die And'ren, Stillen,
die nach der Erfahrung willen,
kennen Wald und Wild genau,
so als wär's die eig'ne Frau.
Weil sie kennen das Verhalten,
versteh'n sie auch, sich still zu halten,
fühlen wie die viel gejagten,
armen Tiere, die geplagten.
Diese stecken in der Dickung
rund herum jetzt Krach und Witt'rung,
voller Angst und Bang und Not
denken sie schon an den Tod,
doch der Trieb zum Überleben
macht sie trotzdem überlegen.
Schlau, wie diese Tiere sind,
geh'n sie erst mal nach dem Wind,
stimmt er nicht mit seinen Düften,
versuchen sie sich zu verklüften,
stehen drinnen, stell'n die Lauscher,

wo sind rundherum die Plauscher?
Wo gibt es die stillen Lücken,
in welche man sich kann verdrücken?
Diese Stellen anzustreben
kann bedeuten – Überleben!
Und genau dort steht der Mann,
der nicht laut ist, der was kann,
und dem kommt der Fuchs ganz schlau
auch der Hase und die Sau,
und genau der macht die Beute
und nicht die and'ren, lauten Leute.

Edgar Böhm

Bekleidung

„Es gibt kein schlechtes Wetter, sondern nur schlechte Ausrüstung!" – Dieser saloppe Spruch bringt die Sache auf den Punkt:

Die Kleidung ist der Witterung des Jagdtages anzupassen.

Bei Saudrückjagden weiß der Schütze vorher nicht, was für einen Stand er zugewiesen bekommt. Es gibt Stände die einen weiten Anmarschweg und in hügeligem Gelände gar einen schweißtreibenden Aufstieg, erfordern.

Für diesen Fall empfiehlt es sich Mantel, Jacke, Pullover etc. auszuziehen, am Rucksack zu befestigen und erst am Stand anzuziehen. Verschwitzt stundenlang bewegungslos in der Kälte zu stehen, nimmt dem Schützen die Vorfreude und kann gesundheitliche Schäden verursachen.

Man beginne bereits daheim mit den entsprechenden Vorbereitungen, indem man die richtige **Unterwäsche** anzieht. Sowohl an noch wärmeren als auch an kalten Tagen hat sich die Sportunterwäsche („Funktionsunterwäsche") bewährt. Diese ist aus Wolle und Kunstfaser gefertigt, nimmt die Körperfeuchtigkeit auf und transportiert sie nach außen. Bei kalter Witterung und langem Warten bleibt die Haut trocken, und der Schütze friert nicht.

Um das Risiko einer Dauerdurchnässung von oben zu mindern, empfiehlt es sich, eine regendichte Umhang-Kotze und zur Sicherheit Ersatzunterwäsche im Rucksack mitzuführen.

Fußbekleidung: Einschlägige Geschäfte bieten so genannte Thermosocken an, die den Fuß bei langem Warten in Schnee und Kälte warm halten.

Warme Füße und ein trockener Rücken fördern das Wohlbefinden und die Reaktionsfähigkeit, wenn es nach langem Warten dann plötzlich schnell gehen muss.

Oberwäsche: Auf einem warmen Flanellhemd trägt der erfahrene Drückjagdjäger ein, eventuell zwei dünne Kleidungsstücke, die vorne zu öffnen und bei langem Anmarschweg zum Stand auch schnell auszuziehen sind.

Zwischen den einzelnen Kleiderschichten bilden sich, wenn diese nicht zu eng sind, Luftpolster, die die Außenkälte abfangen und so den Körper warm halten.

Oberbekleidung

Hose: Gefütterte, isolierende Hosen mit verlängertem Rückenteil haben sich bewährt. Sie schützen sowohl die Beine als auch den Unterleib und die Nieren vor Kälte.

Jacke: Der Markt bietet heute eine große Auswahl an Oberbekleidung. Leichte, atmungsaktive und nässeabweisende Jakken, Mäntel oder wärmende Lodenkleidung haben sich bei Drückjagden bewährt. Sie müssen weit geschnitten sein, um genügend Bewegungsfreiheit für den schnellen, freihändigen Schuss zu ermöglichen.

Hierbei spielt die Kleiderfarbe eine untergeordnete Rolle, da Schwarzwild mehr auf Bewegung des Jägers als auf dessen Kleiderfarbe reagiert. Wichtiger ist eine geräuscharme Bekleidung, da Wild sehr gut hört.

Empfehlung: Unten warm, oben warm mit viel Bewegungsfreiheit!

Kopfbedeckung: Je nach Wetter wählt man an **wärmeren Tagen** einen Hut, der die Ohren freihält. Der wartende Jäger hört anlaufendes Wild besser und kann sich darauf einstellen. Es empfiehlt sich im Rucksack eine „Pudelmütze" mitzuführen, denn zu dieser Jahreszeit kann sich das Wetter von Stunde zu Stunde ändern.

An kalten Tagen ist eine Kappe oder Fellmütze mit herunterklappbarem Ohr- und Nackenschutz hilfreich. Bei eisigem Wind, der ins Gesicht bläst, hat sich ein Rollkragenstrumpf, der bis unter Augenhöhe hochgezogen werden kann, bewährt. Vor der Schussabgabe ist er schnell herunterzuziehen damit Wange und Schaft Kontakt haben.

Signalfarbene Hutbänder nicht vergessen – auch der Schütze macht keinen Fehler, wenn er sich bei Drückjagden für das Tragen einer Warnweste entscheidet!

Handschuhe: Nichts ist bei einer Schussabgabe schlimmer als ein kalter, gefühlloser Schießfinger. Handschuhe mit Fingerschlitz sind brauchbar, doch ist das Gefühl zur Waffe unterbunden. Zu empfehlen ist, an der linken Hand (Rechtsschütze) einen Handschuh zu tragen und die rechte Hand – handschuhfrei, am besten durch einen Handwärmer warm gehalten – in der Jackentasche zu verbergen

Schuhe: Auch hier bietet der Markt eine Vielzahl von Schuhvarianten für den Jagdgebrauch an. Sowohl die Thermostiefel mit herausnehmbaren Innenschuh als auch Lederschuhe mit atmungsaktivem Innenfutter oder Lammpelzstiefel haben sich bei Bewegungsjagden bewährt. Alle diese Schuhe müssen mit einer groben Profilsohle ausgestattet sein, um im Gelände ausreichende Rutschfestigkeit zu bieten.

Wichtig ist, dass die Füße nicht schwitzen und bei längerem, ruhigem Stehen nicht auskühlen. Das Wohlbefinden schwindet rasch, und dann beginnt das Aneinanderschlagen der Schuhe. Die Geräusche, die damit verbunden sind, haben schon manchen Schützen um den jagdlichen Erfolg gebracht.

Um die Kälte des Bodens vom Schuhwerk fernzuhalten empfiehlt es sich, eine Decke, einen Umhang, eine Automatte o. ä. unterzulegen. Auch bei verschneiten und eisglatten Kanzelböden verhindern diese Unterlagen ein gefährliches Ausrutschen.

Sonstige Hilfsmittel

Ein Sitzfilz sowie ein Lodenumhang, der bei plötzlich aufkommendem Wind oder Schneefall übergestülpt wird, sind vorteilhaft. Ein Rucksack, in dem eine Thermosflasche mit Tee, etwas Essbares und Patronen Platz finden, sollte mitgeführt werden. Wenn uns ein Bodenstand zugeteilt wird, können Sitz- und Zielstock unentbehrlich sein.

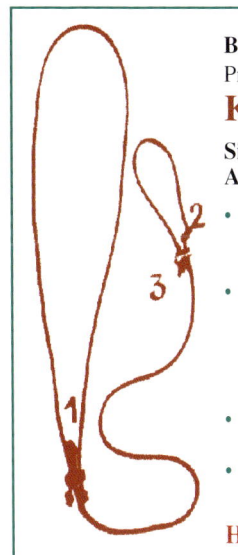

Bestell-Nr. JN 1050
Preis: € 29,95

KlaRo – die perfekte Hundeleine

Sie sieht gut aus, ist lautlos, stabil und preiswert. Alles spricht für die KlaRo:

- Genial einfache Konstruktion, individuelle Handarbeit aus strapazierfähigem Rundleder und Hirschhorn
- Umhängeleine und Halsung bilden eine Einheit und werden durch verschiebbare Knoten (1, 2 und 3) auf jede Weite des Hundehalses und die Statur des Hundeführers eingestellt
- Problemloses Schnallen und Anleinen
- Eine wertvolle Hilfe bei der Wildbergung

Hält ein ganzes Hundeleben!

JANA
Jagd + Natur

Postfach 1255
34202 Melsungen
Tel.: 05661/9106-99
Fax: 05661/9106-98
info@jana-jagd.de
www.jana-jagd.de

Die Waffe und der Schuss

Beim Schießen auf flüchtiges Schwarzwild werden zwei verschiedene Gewehrarten, nämlich das Schrot- und das Kugelgewehr verwendet.

Das Schrotgewehr (Flinte)

Die Flinte in ihrer bekannten zweiläufigen Ausführung, das halbautomatische einläufige Schrotgewehr, die Vorderschaftrepetierflinte und die Schrot-Kugel-Kombinationen (Drilling, Doppelbüchsdrilling, Büchsflinte) kommen auf Drückjagden zwar seltener als Repetierbüchsen, aber – wenn auch regional unterschiedlich stark – durchaus noch zum Einsatz. – Vor 30 bis 50 Jahren waren Flintenläufe, wenn auf Schwarzwild gejagt wurde, sogar relativ häufig vertreten.

Verschossen wird aus den i. d. R. ungezogenen Läufen das so genannte Flintenlaufgeschoss in den Kalibern 12, 16 und 20.

Das Schrotgewehr findet bei Drückjagden auf Sauen immer weniger Verwendung. Das liegt daran, dass die für Treibjagden auf Niederwild gebauten Läufe

a) nicht die **Schusspräzision** erreichen, die notwendig ist, um einen zielgenauen Treffer anzubringen.

Hinzu kommen:

b) **die geringe Auftreffwucht** und mangelhafte Schock- und organzerstörende Wirkung im Wildkörper,

c) **die mangelhafte Durchschlagkraft,** besonders dann, wenn ein Knochen das Flintenlaufgeschoss bremst oder ablenkt, sodass kein Ausschuss vorhanden ist, der ein schnelles Ausschweißen fördert und

d) **die kurze Entfernung** von bis zu höchstens 40 m, auf die mit diesem Geschoss einigermaßen sicher, d. h. mit Aussicht auf Erfolg geschossen werden kann.

Natürlich gibt es auch speziell gebaute Schrotläufe, aus denen eine Untertasse auf 100 m getroffen wird. Die Wirkung im Wildkörper lässt jedoch zu wünschen übrig.

Überlegungen zum Schuss mit dem Flintenlaufgeschoss

Der am Stand stehende und auf Anlauf wartende Schütze kennt die Schussleistung seines Gewehres und weiß, dass er nicht weiter als 40 m erfolgreich treffen kann. Daher wird er von seinem Stand aus die mögliche Schussentfernung an Bäumen, Sträuchern, Steinen oder sonstigen Merkmalen einschätzen, sich diese einprägen und nach beschießbaren Freiflächen mit dahinter liegendem Kugelfang in geeigneter Entfernung Ausschau halten.

Hat er sich mit den Örtlichkeiten vertraut gemacht, wird er sich überlegen, wie er zu zielen hat, wenn ihn ein Stück oder eine Rotte anläuft. „Wohin ziele ich, wenn Schwarzwild spitz von vorne, im rechten Winkel von rechts oder links oder schräg kommt?" Am Stand ist meist ausreichend Zeit, sich die Situation vor dem geistigen Auge vorzustellen, um nicht völlig überrascht zu sein, wenn plötzlich Wild anwechselt.

Der Schütze sollte auch wissen, welche Zeit er benötigt, um reagieren zu können.

Die Reaktionszeiten der einzelnen Schützen sind oft recht unterschiedlich und hängen von deren Alter, Gesundheit, Sehvermögen und Nervenkraft ab. – Entscheidend ist, mit welcher Geschwindigkeit das Wild anwechselt: trollend, flüchtig oder hochflüchtig. Danach richtet sich das Vorhaltemaß.

Der Schütze hat zu bedenken, dass nach Anschlag und Erfassen des Zieles mit dem Auge eine Zeitspanne, der so genannte **Verzögerungsmoment,** zu berücksichtigen ist.

Das Auge erfasst das Stück, gibt das Kommando über den Kopf an den Finger weiter. Bis dieser reagiert und abdrückt, vergehen einige Hundertstelsekunden.

Das Gewehrschloss, der Schlagbolzen die Zündung des Zündhütchens und des Pulvers sowie das Verlassen des Geschosses aus dem Lauf, die so genannte **Schussentwicklungsdauer,** und der Flug des Geschosses bis zum Ziel benötigen ebenfalls einige Hundertstelsekunden.

In dieser Zeit hat das Wild bereits eine kurze Strecke zurückgelegt, die man beim Zielen berücksichtigen muss, sodass entsprechend vorzuhalten ist.

Flintenlaufgeschosse benötigen eine längere Flugzeit als Kugelgeschosse, um das Ziel zu erreichen. Auch die Zielentfernung spielt hier eine Rolle. Es ist daher entsprechend weiter vorzuhalten.

Bei einer Entfernung um ca. 25 m sollte
– bei trollendem Wild ca. 20 cm,
– bei flüchtigem Wild ca. 50 cm und
– bei hochflüchtigem Wild ca. 70 cm
vorgehalten werden, um das beschossene Stück „im Leben" zu fassen.

Bei einer Entfernung um ca. 40 m sollte
– bei trollendem Wild ca. 40 cm,
– bei flüchtigem Wild ca. 60 cm und
– bei hochflüchtigem Wild ca. 80 cm
vorgehalten werden, um das beschossene Stück „im Leben" zu fassen.

Andere Vorhaltemaße sind beim Büchsenschuss zu berücksichtigen, siehe Seite 50 bis 59.

Das Kugelgewehr (Büchse)

Für Drückjagden auf Sauen (und anderes Schalenwild) werden Repetierbüchsen, mehrläufige Kugelgewehre, Doppelbüchsdrillinge und Kugelhalbautomaten verwendet.

Die Repetierbüchse (neuerdings auch als Vorderschaftrepetierer erhältlich) kommt auf Drückjagden am häufigsten zum Einsatz, da sie als Ganzjahreswaffe für alle Schalenwildarten geeignet und somit dem Schützen vertraut ist.

Sie bringt sehr gute Schussleistungen, hat jedoch den Nachteil, dass bei Mehrschussfolge in aller Regel abgesetzt, repetiert und das Ziel neu gesucht werden muss (Ausnahmen: Geradezug- und Vorderschaftrepetierer). Zwischenzeitlich kann sich das flüchtige Wild aus dem günstigen Schussbereich entfernt haben.

Die mehrläufigen Kugelgewehre haben diesen Nachteil nicht. Je nach Fabrikat sind die Schlösser durch Schieber gesichert und mittels Fingerdruck zu entsichern, ohne dass die Waffe abgesetzt werden muss.

Freiliegende Läufe sind für mehrfache Schussabgabe vorteilhafter als verlötete Laufbündel (Hochschuss).

Der Halbautomat dürfte für Drückjagden die günstigste Waffenart sein. Mit einem speziellen Rotpunktvisier ausgestattet, bringt diese dreischüssige (ein Schuss im Lauf zwei im Magazin), leichte und führige Waffe alle positiven Eigenschaften einer Drückjagdwaffe mit. Kein Absetzen nach Schussabgabe und keine neue Zielsuche sind hier erforderlich. Mit einem gefüllten Ersatzmagazin in der Tasche, das schnell auszuwechseln ist, ist man auch für einen starken Anlauf gerüstet.

Auch weitere Schussentfernungen können damit gewagt werden. Ein leicht gehender Flintenabzug oder auch ein sicherer Feinabzug ist vorteilhaft.

Jede mehrschüssige Waffe kann den Schützen zu einer ungenauen, weil schnellen Schussabgabe in Folge verführen. Er sollte diese Waffe prinzipiell so handhaben, als hätte er nur einen Schuss zur Verfügung.

Vertrautheit mit seiner Waffe, Zielgenauigkeit, Selbstbeherrschung im Zweifelsfalle und Verantwortung zeichnen einen guten Drückjagdjäger aus.

Kaliber

Schwarzwild ist ein robustes, schusshartes Wild, das gilt insbesondere, wenn die Sauen schon vorgewarnt, d. h. in Flucht- oder gar Angriffsstimmung sind. Diesen Umstand hat der Saujäger bei der Wahl des Kugelkalibers zu berücksichtigen.

Wichtig ist der Aufbau des Geschosses. Es soll im Wildkörper eine Schockwirkung erzeugen, aufpilzen, um viel Energie abzugeben, und einen großen Ausschuss liefern, damit das Stück schnell ausschweißt und verendet. Außerdem soll das Geschoss bei Streifen an Ästen die Flugbahn nicht wesentlich verändern oder, wie dies bei Hohlspitzgeschossen der Fall sein kann, sich vor dem Wildkörper zerlegen. Der Handel bietet heute eine Vielzahl so genannter Deformationsgeschosse an, die die genannten Eigenschaften erfüllen.

Da die Waffe nicht nur für den aufgelegten Schuss von Hochsitz oder Kanzel Verwendung findet, sondern auch stehend freihändig auf laufendes Wild benützt wird und nicht immer ein sofort tödlicher Kammerschuss gelingt, ist ein stärkeres Kaliber (mindestens 7 mm) mit entsprechendem Geschossgewicht (nicht unter 10 g) zu empfehlen. Es eignen sich nach meiner Erfahrung z. B. sehr gut:

- 7 x 65 R mit 11,5 g
- .30-06 mit 11,7 g
- 8 x 57 IS mit 12,8 g
- 8 x 68 S mit 12,1 g
- 9,1 x 63 mit 16,2 g (.35 Whelen)
- 9,3 x 62 mit 18,9 g
- 9,3 x 74 mit 18,4 g

Schäftung

Ein altes Sprichwort sagt: „Der Lauf schießt, der Schaft trifft". Dieser Spruch bewahrheitet sich besonders bei Drückjagden.

Schützen, die über kein spezielles Drückjagdgewehr verfügen, die Ganzjahreswaffe sowohl im Sommer bei Ansitzjagden als auch bei winterlichen Bewegungsjagden führen, sind gut beraten, wenn sie die Schaftlänge variieren können.

Im Sommer und Herbst finden überwiegend Pirsch- oder Ansitzjagden statt, bei denen dem Schützen ausreichend Zeit für einen ruhigen und aufgelegten Kugelschuss zur Verfügung steht. Auch ist er in dieser Jahreszeit leichter bekleidet, sodass der Schaft des Gewehres länger sein darf/sollte, um den optimalen Abstand zwischen Zielauge und Zielfernrohr und für einen entspannten Anschlag sicher zu stellen.

Bei den winterlichen Drückjagden dagegen ist die Situation eine völlig andere. Es ist kalt, der Schütze hat ruhig an seinem Stand zu stehen und muss sich um keinen gesundheitlichen

Schaden zu nehmen, wärmer = dicker anziehen. Hat sein Gewehr einen langen „Sommerschaft" wird er bei einem schnellen Anschlag und Zielen nicht zurechtkommen. An der dickeren Kleidung wird der Schaft hängen bleiben.

Aus diesem Grunde ist es empfehlenswert bei einem „Ganzjahresgewehr" den Schaft auf die Drückjagdsituation zu kürzen und für die Sommerjagd eine Schaftverlängerungskappe zu verwenden. Diese wird einfach über das Schaftende gestülpt und ist damit schnell anzubringen und zu entfernen.

Bei Drückjagden wird i. d. R. stehend freihändig geschossen, weil meist auch mitgezogen werden muss. Das bedeutet für den verantwortungsbewussten Schützen, dass er diese Art zu Schießen üben muss. Hier bietet sich die Übung **„Schuss auf den laufenden Keiler"** an.

Bei entsprechender technischer Ausstattung des Schießstandes kann sich der Schütze bei wechselnden Entfernungen und Laufrichtungen sowie variablen Geschwindigkeiten der Scheibe die unterschiedlichen Vorhaltemaße einprägen. Diese Probeschüsse sollten den winterlichen Verhältnissen angepasst, nämlich in der Drückjagdkleidung erfolgen. Näheres darüber ist bereits unter „Bekleidung" gesagt.

Wegen der Bewegungsfreiheit des Oberkörpers sollte eine weit geschnittene nicht spannende, jedoch wärmende, geräuschlose Jacke getragen werden.

Der Kontakt Wange–Gewehrschaft fördert die Treffsicherheit. Ein hochgeschlagener Mantelkragen dazwischen ist hinderlich.

Die Finger müssen warm sein. Daher ist die Hand des Schießfingers in der Jackentasche (evtl. mit Taschenwärmer) gefühlvoll zu halten. Handschuhe nur an der „Vorderschaft-Hand" tragen.

Visierung

Je nach Vertrautheit mit seiner Waffe und angepasst an Sehvermögen und Reaktionsfähigkeit, bietet der heutige Markt dem Drückjagdjäger eine große Auswahl an Zielvorrichtungen.

Kimme und Korn (offene Visiereung)
Einem mit seiner Waffe vertrauten und mit gutem Sehvermögen ausgestatteten Schützen wird bis zu einem Lebensalter von ca. 40 Jahren das Zielen über Kimme und Korn ausreichen. Er hat das ganze Sichtfeld vor sich, sieht anwechselndes Wild früher, kann selbst im Anschlag noch ansprechen und die örtliche Situation besser nützen. Allerdings ist bei der gebotenen Eile einer Drückjagd ein Verkanten im Anschlag möglich.

Das Leuchtpunkvisier (ohne Vergrößerung)
Diese Visiere verbinden die Vorteile von Kimme und Korn hinsichtlich des großen Blickfeldes mit dem deutlich sichtbaren Leuchtpunkt. Zielen und Zielerfassung können schneller erfolgen, da beide Augen offen bleiben und nur der rote Zielpunkt auf dem Wildkörper zu platzieren ist. Gute Leuchtpunktvisiere sind überdies auf Drückjagdentfernung parallaxefrei.

Das Zielfernrohr
Für Drückjagden auf Sauen haben sich variable Zielfernrohre mit Vergrößerungseinstellungen von 1,5- bis 4-fach bewährt.

Bei der vertrauten Ganzjahreswaffe wird der Saujäger, aus Gründen der erforderlichen Nachtansitze, eine variable Zielhilfe mit großem Okular (z. B. 2,5 bis 10-mal 56) benützen. Diese Optik, auf eine kleine Vergrößerung (2,5 bis maximal 4-fach, je nach Sicht- und Schussfeld des Standes) gestellt, ist bei Drückjagden sehr vorteilhaft, da das Sehfeld größer ist und somit auch das seitlich anwechselnde Wild im Voranschlag früher erfasst werden kann.

Diese Zielfernrohre sind mit verschiedenen Absehen erhältlich. Gut bewährt haben sich das Absehen 1 sowie Leuchtpunktabsehen (meist bei Absehen 4).

Das spezielle Drückjagdzielfernrohr
Dieses ist kleiner und leichter als ein Normalzielfernrohr. Es ist speziell für Drückjagden gebaut. Damit wird eine schnelle Erfassung des Zieles ermöglicht. Vielfach wird hier das „Drückjagdabsehen", das ist das Absehen 2, bei dem die horizontale Linie und der schlanke Zielstachel möglichst wenig Wildkörper verdecken, angeboten. Besonders vorteilhaft sind unterdessen Drückjagdzielfernrohre, die zusätzlich mit einem zuschaltbaren, größenverstellbaren Leuchtpunkt ausgestattet sind oder überhaupt nur einen Leuchtpunkt als Visier anbieten.

Das Drückjagd-Fernglas
Drück- und Bewegungsjagden erfordern vom Schützen Beweglichkeit im Oberkörper, Reaktionsschnelligkeit und sicheres Ansprechen des oft schnell anwechselnden Wildes. Ein umgehängtes schweres Ansitzglas wäre hier hinderlich. Wild flüchtet oft im Hochwald und ist auf größere Entfernung bereits zu sehen. Auch lichten Buchen- oder Eichenanflug durchwechselt es Deckung suchend. Mit dem bloßen Auge ist es in weiter Entfernung oder durch das Astwerk hindurch oft nur schwer anzusprechen.

Hilfreich ist hier ein leichtes, handliches Kleinfernglas mit einer variablen Vergrößerung, z. B. 7 bis 15 x 25. Aber nicht alle Schützen kommen damit zurecht, sondern bevorzugen möglichst leichte Weitwinkel-Pirschgläser, etwa 8 x 30 oder 7 x 42.

Mit einem „führigen" Glas ist noch weit entferntes oder im Strauchwerk wechselndes Wild verhältnismäßig gut anzusprechen, und die Vorbereitungen für einen sicheren Schuss können rechtzeitig getroffen werden.

Ohne ein gutes Drückjagdfernglas ist Schwarzwild, vor allem wenn es auf größere Distanz – Deckung suchend – im flotten Troll durch den Buchenanflug wechselt, nicht schnell genug sicher anzusprechen.

In diesem Gelände gelingt das Ansprechen vom erhöhten Drückjagdstand aus auch ohne Glas, dafür sind die alarmierten Sauen hier wesentlich schneller. Vorn die führende Bache, die Frischlinge folgen in für eine Dublette ausreichenden Abständen.

Ansprechen des Schwarzwildes

Bereits nach der Begrüßung und der Sicherheitsbelehrung hat der Jagdherr Abschussanweisungen gegeben, die strikt einzuhalten sind.

Es gibt Reviere mit viel Sauen, sodass bei den Herbst/Winterjagden jedes Stück mit Ausnahme führender Bachen freigegeben wird. Andere Revierinhaber wiederum erlauben nur den Abschuss bestimmter Altersklassen.

Für den auf Anlauf wartenden Schützen kann plötzlich auftretendes Wild beim Ansprechen ein Problem sein. Daher ist es vorteilhaft sich über Körperformen und -größen der verschiedenen Altersgruppen zu informieren. Die folgenden Abbildungen geben hierzu Hilfen.

Auf dem Stand während der Drückjagd ist es vorteilhaft, auf Geräusche zu achten, die den Schützen vorwarnen, sodass er bei Erscheinen des Wildes bereits ansprechen kann und nicht erst unmittelbar vor der Schussabgabe.

Wenn Sauen sich in der Nähe des wartenden Schützen schnell bewegen, verursachen sie Geräusche. Je nach Bodenart und dessen Bedeckung hört der Schütze das Rascheln des Laubes, Brechen zertretener Äste oder des harschigen Schnees. Bei derartigen Geräuschen ist es ratsam, sich schussbereit zu halten und in Richtung der Geräusche zu beobachten, um die Sauen noch auf Entfernung ansprechen zu können.

Manchmal dagegen kommen sie auf nadeligem Bodenbelag geräuschlos und überraschen den Wartenden.

Besonders ältere Sauen gehen einzeln, sind vorsichtig und wechseln, jede Deckung ausnützend, geräuschlos an. Plötzlich stehen sie vor dem überraschten Schützen; in diesem Fall ist schnelles Ansprechen und Handeln notwendig.

Die hohe Vermehrungsrate dieser Wildart erfordert vom Jäger einen starken Eingriff in die Jugendklasse, d. h., es sind überwiegend Frischlinge und Überläufer zu erlegen. Wie unterscheiden sich die verschiedenen Altersklassen äußerlich voneinander?

Bachen

Es ist verständlich, dass ein waidgerechter Schwarzwildjäger Hemmungen hat, eine Bache zu erlegen. Selektiert er aber nicht, wird der Sauenbestand bald eine Höhe erreichen, die vom landwirtschaftlichen Gesichtspunkt aus nicht vertretbar ist und die ein Ansteigen der Seuchengefahr programmiert.

Bachen sind Zukunftsträger und haben eine Zuwachsrate bis zu 200% des Grundbestandes des Jahres.

Bache mit Frischlingen

Bache sichert, bevor sie mit ihrer Rotte die Schneise überquert – man beachte das lange Gesicht.

Aus dieser Populationsdynamik ist zu ersehen, dass nicht nur in die Frischlings- und Überläuferklasse, sondern auch in die Gruppe der Bachen eingegriffen werden muss. Hier ist jedoch zwischen schwachen und starken Bachen, nichtführenden und führenden und solchen, die Leitbachen sind, zu unterscheiden.

Bei Drückjagden ist eine Unterscheidung kaum oder gar nicht möglich, da meistens mehrere Bachen mit ihren Frischlingen in einem Rottenverband anwechseln. Wie soll bei der Eile und dem Durcheinander in der Rotte unterschieden werden können, welche der Bachen eine Leitbache ist?

Um keinen Fehler zu begehen, sind vornehmlich die Frischlinge und Überläufer zu bejagen. Der Selektionabschuss der

Rotte zieht vorsichtig durchs Unterholz – vorn die Bache, die Frischlinge folgen. – Genau beobachten und Frischlinge im Visier behalten!

Bachen muss also beim Ansitz, der i. d. R. ruhige und auch wiederholte Beobachtung ermöglicht, erfolgen.

Frischlinge

Diese sind in der Eile eines Drückjagdgeschehens am leichtesten zu erkennen. Sie sind kleiner als die älteren Artgenossen, haben je nach Jahreszeit oft noch ein rötlichbraunes, z. T. sogar gestreiftes Haarkleid (Maisjagden).

Frischling, noch gestreift

Frischlinge auf einer Schneise

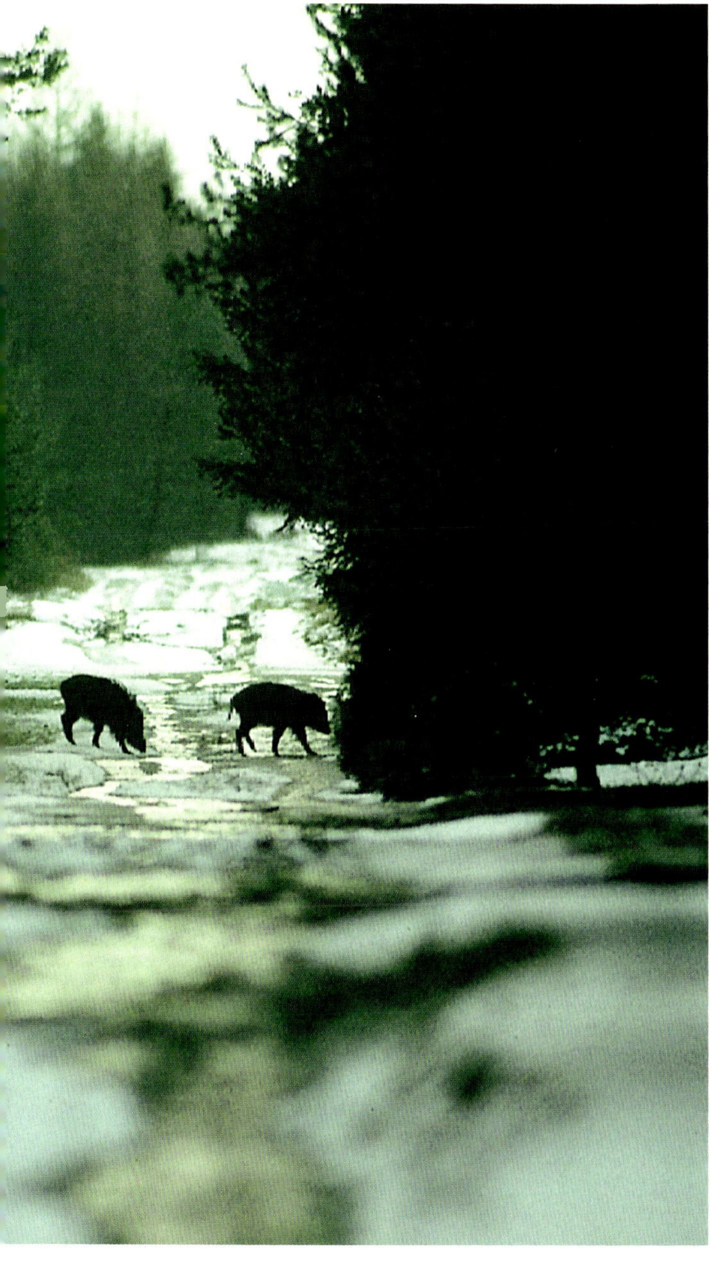

Frischling im Herbst – er trägt schon das Winterhaar

Bei den Herbst/Winterjagden erscheint das Haarkleid heller als das der älteren und größeren Rottenmitglieder.

Überläufer im Frühjahr

Genau hinsehen! – Gemischte Rotte hochflüchtig auf einer Schneise: Die Bache ist schon durch, vorne ein Frischling, hinten ein Frischling, in der Mitte ein schwacher Überläufer, der aber keinesfalls beschossen werden darf, weil sich parallel dahinter noch ein Frischling befindet.

Ein Ansprechen auf die Geschlechtszugehörigkeit wird sehr selten möglich sein. Ein zeitig gefrischter männlicher Frischling kann ein höheres Rückenhaar tragen, sein Körperhaar kann sich gerade vom bräunlichen in den mehr schwärzlichen Farbton umfärben, woran er zu erkennen sein kann.

Überläufer

Dieser ist wesentlich größer und auch schwerer als ein Frischling. Das Gewicht von Frischlingen schwankt je nach Wurfdatum und Ernährungszustand zwischen 25 und 40 kg (aufgebrochen).

Der Überläufer kann in guten Mastjahren durchaus 60 kg (aufgebrochen) und mehr auf die Waage bringen.

Schwierig ist ein Ansprechen der einzelnen Stücke in gemischten Rotte aus Bachen, Überläufern und Frischlingen.

Schwache, jedoch führende Bachen können wie ein Überläufer aussehen und sind dann in der Eile von diesem nicht zu unterscheiden. Daher Vorsicht beim Abschuss!

Auch innerhalb der Überläufergruppe gibt es verschiedene Farb- und Haarvarianten. So habe ich im Oktober einen 75 kg schweren Überläuferkeiler erlegt, der ein pechschwarzes, wuscheliges und schaffellartiges Haarkleid trug. Ein längeres Rückenhaar oder Borsten waren nicht vorhanden. Diese Haar- und Farbvariante habe ich anlässlich von Saujagden in Ungarn wiederholt angetroffen.

Junge Keiler

In die Gruppe der jungen Keiler sind solche ab dem 3. bis 4. Lebensjahr einzureihen. Sie sind größer und schwerer als ein Überläufer. Das Erscheinungsbild wirkt männlicher und robuster. Er kommt dem Schützen i. d. R. alleine, selten in der Rotte und ist vorsichtiger als jüngere Stücke. Sein Haarkleid ist dunkel mit einem leichten bräunlichen Ansatz des Oberhaares. Rückenhaar ist vorhanden, die Länge jedoch schwankt bei Vergleichen deutlich.

Diese Altersgruppe wird leider die größere Zahl erlegter Keiler bilden. Könnten sie zwei Jahre länger leben, würden mehr reife Keiler zur Strecke kommen.

Ältere Keiler

In diese Gruppe sind Keiler ab dem 5. Lebensjahr einzustufen, sie sind jagdbar. Keiler ab dem 5. Lebensjahr bezeichnet der Schwarzwildjäger als angehendes Schwein, ab dem 6. bis 7. Lebensjahr als hauendes Schwein und ab dem 8. Lebensjahr und älter als Hauptschwein oder Basse.

Junger Keiler

Diese alten Keiler kommen im deutschsprachigen Raum leider sehr selten vor. Besonders in **großen Waldrevieren** kann sich so ein älteres männliches Stück durchmogeln und dann wirklich alt werden.

Alte, reife Keiler

Den alten, reifen Keiler erkennt der Schütze an folgenden Merkmalen:

Älterer Keiler

Meistens kommt der Keiler allein. Freiflächen und hohe Waldbestände wird er bei einer Drückjagd schnell durchlaufen oder meiden und immer versuchen, sich in der nächsten Dickung zu drücken.

Körperlich ist er viel größer, i. d. R. auch dunkler gefärbt. Die gespaltenen Grannenhaare, die an ihren Spitzen heller sind, geben ihm einen leicht bräunlichen Anflug. Um die Lichter hat er oft recht große haarlose Flächen.

Alter, reifer Keiler

Die Körpermasse eines alten Keilers liegt zu ca. Zweidritteln im vorderen Körperbereich, wobei die Borsten am Kamm diesen Eindruck optisch noch verstärken.

Grober Keiler wechselt an

Achtung – junger Keiler, unbedingt schonen!

Älterer, jagdbarer Keiler

Vorsicht! – Einzelnes Stück, das kann eine führende Bache sein, gut möglich, dass die Frischlinge noch überraschend erscheinen.

Einzeln anwechselnde mittelalte Bache – jagdbar

Körperbau und Trefferzonen

Es ist bekannt, dass Schwarzwild ein robustes und schusshartes Wild ist, das nicht tödliche Schüsse, nach langen, schmerzhaften Monaten durchaus noch ausheilen kann. Der verantwortungsbewusste Jäger wird selbstverständlich gerade deshalb immer bestrebt sein, einen präzisen, d. h. tödlichen Schuss anzubringen.

Der absolut sofort tödliche Treffer ist der **Kopfschuss**. Es ist jedoch abzuraten, diesen Schuss anlässlich einer Drückjagd zu versuchen. Er wird in den meisten Fällen nicht gelingen. Die Folge davon können Gebrechschüsse mit Kiefer- und/oder Speiseröhrenverletzung sein, die das getroffene Stück zum qualvollen Verhungern verurteilen.

Mit einem solchen Schuss kann das Stück noch weite Strecken zurücklegen und wird selten gefunden.

Der richtige Treffer ist prinzipiell der **Kammerschuss.** Damit werden Herz und/oder Lunge und starke Blutgefäße verletzt; das Stück verendet in aller Regel rasch und wird, wenn es nicht am Platz liegt, nach überschaubarer Fluchtstrecke oder Nachsuchenentfernung meist leicht gefunden.

Um zu zeigen, in welchen Körperpartien die lebenswichtigen – schussempfindlichen – Organe liegen, kennzeichnet die nachfolgende Zeichnung die sofort tödlichen (1, 2, 3, 7) und die nicht sofort tödlichen (4, 5, 6) Trefferzonen.

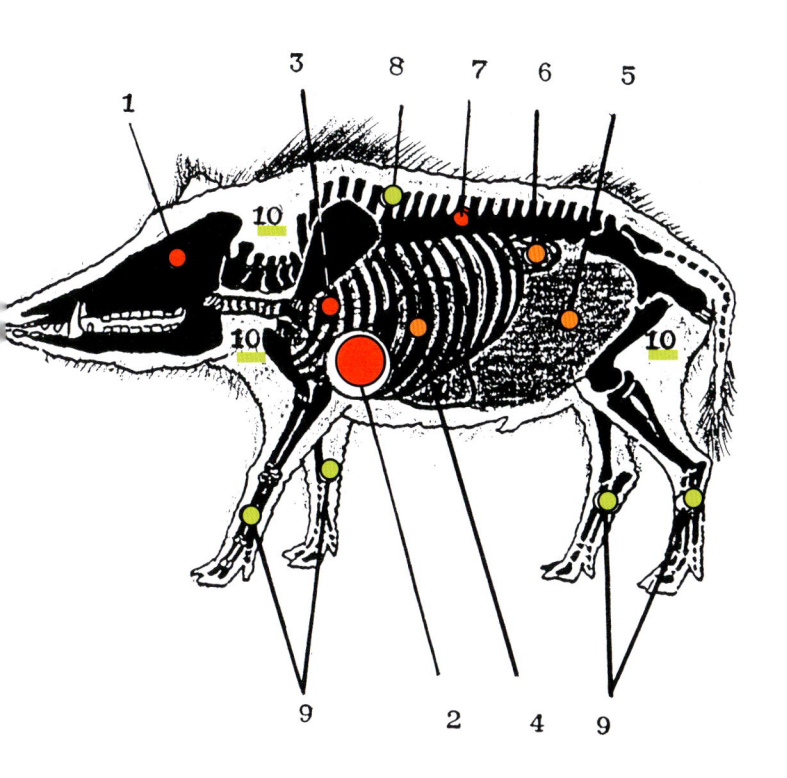

Wildkörper, Skelett und Position der Organe eines Wildschweines mit Trefferzonen:

1 **Kopfschuss**

2 **Kammerschuss**
(Herz, Lunge)

3 **Lungenschuss**

4 **Leberschuss**

5 **Weidwundschuss**

6 **Nierenschuss**

7 **Rückgratschuss**
(an allen Wirbeln)

8 **Krellschuss**
(an allen Dornfortsätzen)

9 **Laufschuss**

10 **Wildbretschüsse**

Wie ziele ich beim Büchsenschuss?

Hier ist zu unterscheiden zwischen trollendem, flüchtigem und hochflüchtigem Wild, und das bei unterschiedlichen Entfernungen und auch unter Berücksichtigung der Munition, die verschossen wird.

In der Regel kann bei Drückjagden nicht weiter als 50 bis 70 Meter geschossen werden. Weitere Entfernungen sind auf Freiflächen möglich, jedoch wegen der Unsicherheit des Schusses auf flüchtiges Wild und daher aus Gründen der Waidgerechtigkeit, aber auch wegen etwaiger Gefährdung des Hinterlandes (Treiber, Hunde, weiteres Wild) nicht zu empfehlen.

Wie bereits unter „Überlegungen zum Schuss mit dem Flintenlaufgeschoss" erläutert, sind auch beim Schießen mit der Büchse die Reaktionszeit des Schützen, der Verzögerungsmoment und die Schussentwicklungsdauer zu berücksichtigen. Hinzu kommen die Geschwindigkeit des anlaufenden Wildes und dessen Entfernung.

– Trollendes Schwarzwild läuft ca. 8 – 12 km/Std.
  = ca. 3 – 5 m/s

– Flüchtiges Schwarzwild läuft ca. 30 – 40 km/Std.
  = ca. 8 – 12 m/s

– Hochflüchtiges Schwarzwild läuft ca. 50 km/Std.
  = ca. 14 – 16 m/s

Bereits diese Zahlen machen deutlich, dass ohne Vorhaltemaß kein präziser Treffer zu platzieren ist.

Die Fluggeschwindigkeit des Geschosses ist gemäß der verwendeten Munition und Laborierung in den einschlägigen ballistischen Tabellen nachzulesen, die Waffe ist entsprechend zu handhaben.

Wie unter „Flintenlaufgeschosse" bereits angesprochen, sollte vor Beginn der Herbstdrückjagden möglichst oft auf die Scheibe „Laufender Keiler" probegeschossen werden, um ein Gefühl für die Waffe bei der Jagdart „Bewegungsjagd" zu bekommen.

Selbstverständlich kann und sollte auch den Sommer über fleißig auf die Scheibe „Laufender Keiler" geübt werden.

Einige Zieltipps

Ich führe auf Drückjagden meinen Halbautomaten von Remington mit der .35-Whelen-Patrone (9,1 x 63/16,2 g) mit einem Propoint-Drückjagd-Zielfernrohr und verfahre wie folgt:

Bei trollenden bis flüchtigen Sauen auf normale Entfernungen von ca. 50 m auf Freiflächen oder im Hochwaldbestand fahre ich mit und ziele auf den Hals-Blatt-Ansatz. Die Kugel sitzt dann im Blattbereich.

Anders verfahre ich, wenn das Stück durch niedrigen Bewuchs oder Laubholzselbstanflug flüchtet, nur kurzzeitig zu sehen ist und nicht mitgefahren werden kann. Ich stelle mir den wahrscheinlichen Fluchtweg des Stückes vor, suche im Bestand eine strauchfreie Lücke, die das Stück unter Beibehaltung der Fluchtrichtung durchwechseln müsste, und erwarte es mit der Waffe im Anschlag, das Absehen ist auf den erwarteten Zielpunkt gerichtet. Sobald sich der rote Punkt des Propoint im Hals-Blatt-Bereich befindet, drücke ich ab.

„Abgefangen" – liegt im Feuer

Mit diesem „Abfangen", dem wohl schwierigsten Schuss, habe ich bisher keine Probleme gehabt (siehe Foto).

Natürlich flüchten bei den Drückjagden die Sauen in ganz unterschiedlichen Winkeln zum Schützen und wechseln auch hin und wieder die Fluchtrichtung. Daher soll diese Schilderung keine generelle Schießregel sein, da in der Jagdpraxis die verschiedensten Situationen vorkommen können. Sie soll nur eine Orientierungshilfe bieten.

Die Abbildungen auf den Seiten 54 bis 59 zeigen verschiedene Zielpunkte je nach Vorhaltemaß und die Treffpunktlagen.

Stärkeres, einzeln ziehendes Stück verhofft im dichten Stangenholz – der Schütze ist drauf, kann aber wegen der Hindernisse in der Flugbahn nicht schießen. Also behält er das Stück im Visier, zieht bei Bewegung mit, um – falls es passt – in der nächsten Lücke fliegen zu lassen.

Keiler von links kommend – ◯ = Blattschuss

Zielpunkte (Vorhaltemaß):

1 = trollend

2 = flüchtig

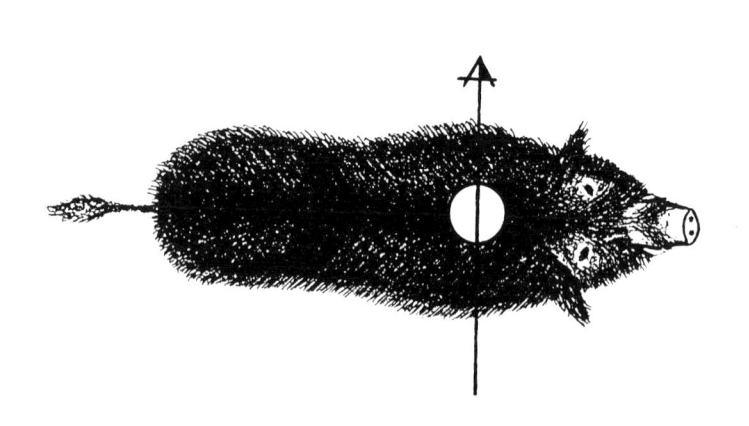

3 = hochflüchtig

Kammerschuss im rechten Winkel

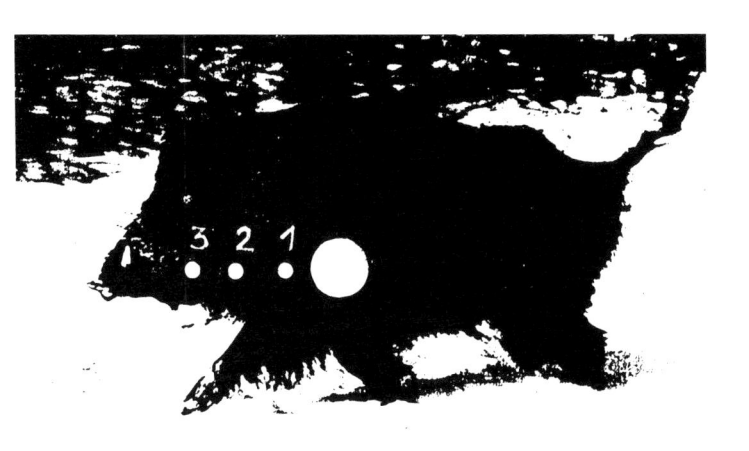

Keiler von rechts kommend – ◯ = Blattschuss

Zielpunkte (Vorhaltemaß):

1 = trollend

2 = flüchtig

3 = hochflüchtig

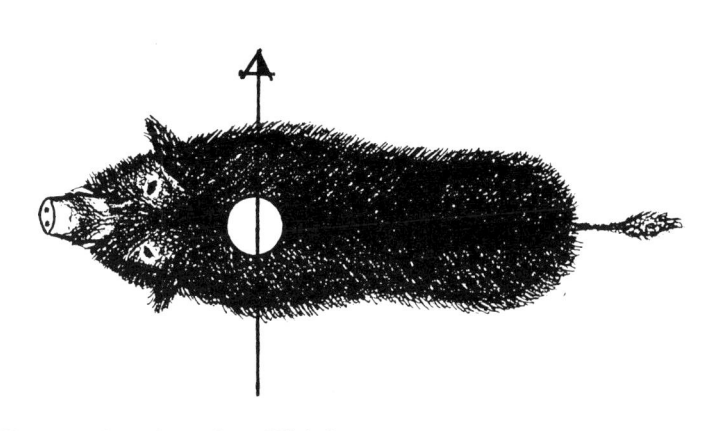

Kammerschuss im rechten Winkel

Überläufer von links oben kommend (bergab) – ◯ = Blattschuss

Zielpunkte (Vorhaltemaß):

1 = trollend

2 = flüchtig

3 = hochflüchtig

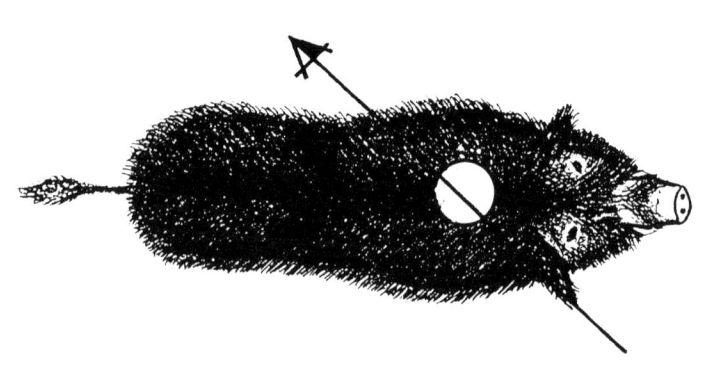

Schräger Kammerschuss

Überläufer von rechts oben kommend (bergab) – ◯ = Blattschuss

Zielpunkte (Vorhaltemaß):

1 = trollend

2 = flüchtig

3 = hochflüchtig

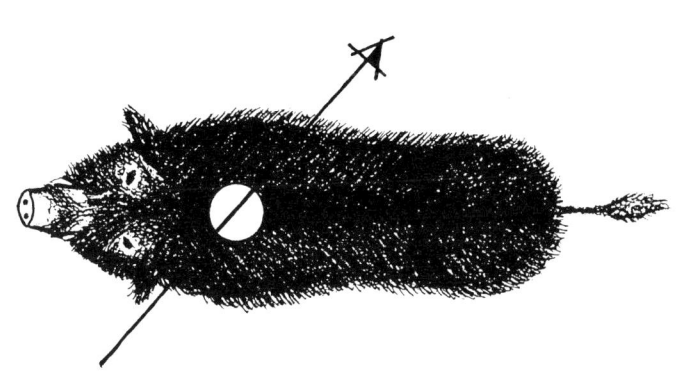

Schräger Kammerschuss

Von links wegflüchtender Überläufer – ◯ = **Blattschuss**

Zielpunkte (Vorhaltemaß):

1 = trollend

2 = flüchtig

3 = hochflüchtig

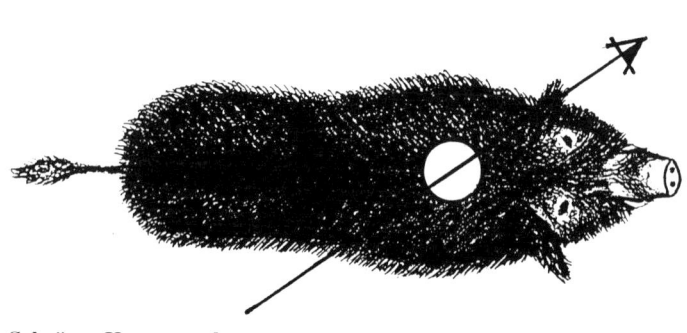

Schräger Kammerschuss

Von rechts wegflüchtender Überläufer – ◯ = Blattschuss

Zielpunkte (Vorhaltemaß):

1 = trollend

2 = flüchtig

3 = hochflüchtig

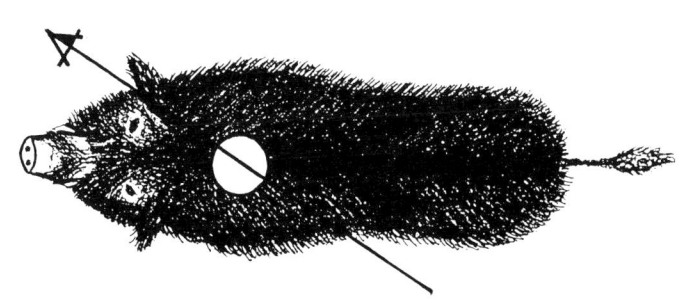

Schräger Kammerschuss

Kleinere Drückjagden

Kleinere Drückjagden sind Jagden, die unvorhergesehen, man könnte auch sagen bei aktuellem Anlass stattfinden.

Drückjagd im Wald

In Revieren, in denen Sauen **Wechselwild** sind, kommt es öfter vor, dass anlässlich von Waldarbeiten, bei Beunruhigung durch Spaziergänger, Waldläufer etc. Sauen hochgemacht werden. Diese wechseln dann über Freiflächen in das nächste Waldstück, werden gesehen, und der Jagdpächter wird verständigt.

Dessen Aktivität wird sich vorerst darauf beschränken, den Waldrand, meistens sind es nur kleinere Waldungen, gegen den Wind abzugehen, um festzustellen, ob die Sauen durchgewechselt sind oder noch darin stecken. An schneelosen Tagen wird eine Bestätigung schwierig, an Schneetagen dagegen verhältnismäßig leicht sein.

Sind die Sauen durchgezogen, wird er je nach Gelände, Entfernung zur nächsten Waldfläche und nach der Uhrzeit entscheiden müssen, ob er die Fährten verfolgt.

Stecken sie im Waldstück und ist es noch zeitig am Tag, kann ein Drücken Erfolg versprechend sein. Ist es dagegen bereits Nachmittag, wird es günstiger sein, sich mit einigen Schützen abends rund um das Waldstück anzusetzen.

Die Verständigung der Schützen, die Vorbereitungen und das Anstellen nehmen viel Zeit in Anspruch, sodass besonders im Spätherbst und Winter das Drücken vielfach in der Abenddämmerung stattfinden müsste. Am günstigsten ist deshalb eine Wildbestätigung am Vormittag. Der Revierinhaber hat Zeit, ihm bekannte, auf einer Liste vermerkte Schützen (siehe Muster) anzurufen und ein Treffen am zeitigen Nachmittag (12 bis 13 Uhr) zu vereinbaren.

Wo Sauen Standwild sind, wird es wohl nur bei Schneelagen möglich sein, die in einer Waldparzelle steckenden Sauen zu bestätigen, da man fast überall Fährten findet, die nicht leicht auswertbar sind.

Solche kleine Drückjagden, im Herbst oder schneelosen Wintern durchgeführt, sind fast immer Jagden auf „Gut Glück".

Weit mehr Aussicht auf Erfolg bieten kleine Drückjagden bei Schnee. Hier hat sich das **Abfährten und Kreisen** bewährt. So kann uns in der Drückjagdzeit immer mal überraschend der Anruf „Sauen fest!" erreichen, z. B. wenn ein paar Tage zuvor eine Neue niedergegangen und die Schneelage stabil ist.

Beim ersten Schneefall und einen Tag danach wird ein Abfährten meist zwecklos sein. Sauen ziehen bei Neuschnee un-

„Sauen fest!" – Ausmarsch zum Abstellen ...

... „Sauen fest!" – kleines Waldstück eng abgestellt

gern. Sie sind durch das weiße Landschaftsbild verunsichert, vermutlich weil sie instinktiv spüren, dass sie besser gesehen werden und dass die Fährten ihre Anwesenheit verraten.

Innerhalb einer Dickung werden sie sich bewegen. Erst wenn der Hunger sie zwingt, verlassen sie die schützende Dickung, um sich am nächsten Tag an einer anderen Stelle einzuschieben. Jetzt ist der Zeitpunkt zum Abfährten und Kreisen gekommen.

Das Abfährten kann zu Fuß, das Kreisen, falls Schnee liegt, vorteilhafter mit Skiern erfolgen. Zu Fuß dauert es länger, und die menschliche Wittrung kann die Sauen beunruhigen. Erfahrene Bachen wechseln dann gerne mit ihrer Rotte zwischenzeitlich aus dem Bestand.

Das Kreisen auf Skiern wird im Flachland einfacher, im Hügelland oder in den Bergen dagegen schwieriger und körperlich anstrengender sein, man gewinnt jedoch immerhin Zeit. Es sollte am Morgen nach abendlichem Schneefall durchgeführt werden. Neuschnee nach Mitternacht wird die Fährte bedecken und eine Feststellung und Bewertung erschweren. Eventuelle Nachzügler, besonders suchende Keiler in der Rauschzeit, können brauchbare Fährten hinterlassen.

Einzelne Waldpartien werden am günstigsten von zwei Skifahrern – der eine links, der andere rechts herum – abgefahren. Führen Fährten hinein, jedoch nicht heraus, ist anzunehmen, dass sich die Sauen eingeschoben haben. Beide Ausgeher entfernen sich geräuschlos und verständigen den Jagdherren.

Dieser wird anhand einer Teilnehmerliste (siehe Muster, Seite 80) die Schützen verständigen. Vorteilhaft ist es zwei (oder mehr) Listen zu führen, eine von solchen Schützen, die an Wochentagen Zeit haben, und eine von Schützen, die nur am Wochenende teilnehmen können. Dazu gehören immer auch einige Hundeführer sowie mindestens ein Nachsuchengespann.

Man vereinbart Treffpunkt und Uhrzeit. Die Zusammenkunft erfolgt am günstigsten einige hundert Meter von der zu bejagenden Fläche entfernt, und alle Teilnehmer müssen sich dort unbedingt ruhig verhalten. Autotüren zuschlagen, laut reden, Hundegebell und Anblasen sind zu unterlassen. Erfahrene Sauen wissen derartige Geräusche zu deuten und „empfehlen sich" schnellstens mitsamt der ganzen Rotte.

Der Jagdherr hat auf der Grundlage seiner Revierkenntnisse den Plan für das Anstellen der Schützen und den Treibereinsatz zu durchdenken. Dabei ist selbstverständlich der Wind zu berücksichtigen.

Vor dem Anstellen sind die Verhaltensregeln bekannt zu geben, ebenso die Freigabe.

Abzustellen ist zuerst die windabgewandte Seite des Waldstückes, da Sauen, wenn sie menschliche Witterung oder die

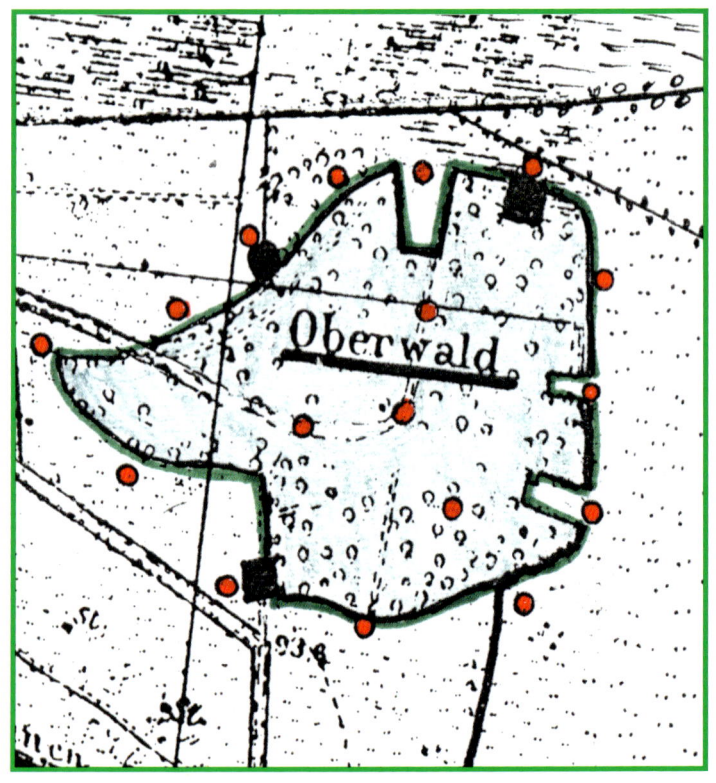

Karte eines Revierteiles mit möglichen Schützenständen – welche davon genutzt werden und wie angestellt wird, hängt von der aktuellen Situation und vor allem vom Wind ab.

Unruhe wahrnehmen, vielleicht bereits während des Abstellens auswechseln können.

Steht diese Schützenreihe, können die anderen Schützen, deren Wittrung in den Trieb geht, ebenfalls angestellt werden.

Es ist zu vereinbaren, dass geladen und geschossen werden darf, sobald die Schützen ihren Stand eingenommen haben, da erfahrungsgemäß Sauen bereits während des Anstellens auf die Läufe kommen, um sich in Sicherheit zu bringen.

Zwischenzeitlich haben sich auch die Treiber (und/oder Hundeführer) aufgestellt und warten lautlos auf ein Signal. Der Schütze hat jetzt Zeit, auf seinem Stand störende Äste zu beseitigen, Umschau zu halten nach günstigen Schussmöglichkeiten, nach Bestandslücken und Kugelfang, er kann die vermutlichen Schussentfernungen prüfen, er muss sich aber in jedem Fall zunächst mit seinen Nachbarschützen verständigen.

Ist die Dickung umstellt, wird angeblasen. **Die Treiber** gehen langsam, unterhalten sich, bleiben auch mal stehen, klopfen an Bäume und versuchen so, die Sauen zum Auswechseln zu bewegen.

Merken die Treiber, (Anblick, typische Geräusche, noch warmer Kessel, Geruch), dass sich Sauen im Trieb befinden, sind die Schützen durch Rufe zu informieren. Hilfreich ist es auch, wenn die Treiber die Richtung des flüchtigen Wildes – von der Richtung des Treibens aus gesehen – angeben, z. B. Sauen nach links oder nach rechts, zurück oder nach vorn.

Diese Zurufe erleichtern den Schützen die Vorbereitung auf den Schuss und sorgen zudem für eine gewisse Spannung.

Wollen die Sauen nicht raus, obwohl sie auf den Läufen sind oder liegen einige gar fest, ist es vorteilhaft, zusätzlich Hunde zu schnallen. Auch ein Zurückgehen der Treiber und ein richtungsloses Durchgehen und nicht zuletzt kurze Pausen mit absoluter Ruhe im Treiben verunsichern die Schwarzkittel und veranlassen sie, die Dickung doch zu verlassen. Wichtig ist es, die Rotte zu sprengen, damit die Sauen nicht nur einem Schützen, und das womöglich im Pulk, kommen, der dann überfordert wäre. Erfolgreicher wird eine solche Jagd, wenn nach dem Sprengen der Rotte Einzelstücke mehrere Schützen anwechseln. **Die Schützen** werden an günstigen Stellen, wie Wechsel und Fernwechsel, Holzrückegassen, Wege und Wegespinnen, Bodenvertiefungen oder an vorspringenden Waldstücken angestellt.

Dublette im Buchenanflug – Waidmannsheil!

Schüttere Selbstanflugparzellen junger Buchen und Eichen werden gerne als Fluchtdeckung angenommen. Hier auf einem Hochsitz mit gutem Einblick und Kugelfang zu sitzen ist von Vorteil.

Auf dem Boden stehende Schützen dagegen müssen flach schießen. Dies erfordert eine besonders strenge Schussdisziplin. In den Trieb darf grundsätzlich nicht geschossen werden, da bei einer kleinen Drückjagd die Flächen, in denen sich Treiber und/oder Hunde bewegen, zu klein sind. Ein Geschoss, das von einem Ast abgeleitet wird, ist unberechenbar und kann noch nach einigen hundert Metern tödlich sein, das gilt auch und gerade für Flintenlaufgeschosse.

Ebenso ist das Durchziehen durch die Schützenreihe und eine Schussabgabe kurz danach zu unterlassen. Auch bei getroffenem Wild können austretende Geschossteile das Umfeld gefährden, daher ist bei jeder unsicheren Situation der Finger gerade zu lassen!

Drückjagd im Mais

Mit zu den kleineren Drückjagden zählt die Maisjagd; sie kann bei verhältnismäßig wenig Zeitaufwand und kurzer Vorbereitung sehr erfolgreich sein. Die Schützen sind dicht am Geschehen abgestellt und bekommen die Arbeit der Hunde hautnah mit. Das macht diese Jagd ungewöhnlich reizvoll.

Sauen halten sich ab dem Zeitpunkt, wenn der Mais ungefähr einen Meter hoch gewachsen ist, bis zur Ernte mit Vorliebe in diesen Schlägen auf oder wechseln regelmäßig für mehrere Tage ein. Sie haben hier ausreichend Nahrung, Deckung, Ruhe, und sie verursachen mitunter enorme Schäden.

Neben der Ansitzjagd an den Feldrändern und ausgemähten Schussschneisen, bietet sich auch die Drückjagd an.

Der Revierinhaber wird von dem Einwechseln gesehenen Schwarzwildes informiert oder merkt dessen Anwesenheit am entstandenen Schadbild. Ein Morgenansitz kann zudem die Anwesenheit bestätigen.

Er wird bekannte und abkömmliche Schützen (siehe Muster), Treiber und Hundeführer, die auch bei der Maisjagd als Durchgehschützen fungieren können, je nach Größe des Feldes verständigen. Die Hunde sind hier besonders von Vorteil, da die Sauen sich von Menschen einfach überlaufen lassen und oft genug ohne Hunde nicht herauszubringen sind. Die Hunde suchen, verfolgen und bedrängen sie, bis die Rotte gesprengt wird, was manchmal allerdings auch erfahrenen Hunden erst gelingt, wenn der Durchgehschütze beim Stellen stärkerer Stücke zu Hilfe kommt.

Besonders unerfahrene Frischlinge sind durch hartnäckige Hunde leicht herauszubringen. Ältere Sauen, die die Hunde (gelegentlich auch Durchgehschützen/Treiber) annehmen können,

Hier fühlen sich Sauen wochenlang wohl: sicherer Einstand und Fraß im Überfluss.

sind viel schwieriger aus dem Bestand zu drücken. Für die Hunde ist die Begegnung und Auseinandersetzung mit erfahrenen Sauen nicht ungefährlich, da sie durch die engstehenden Maispflanzen den Hieben nur schlecht ausweichen können.

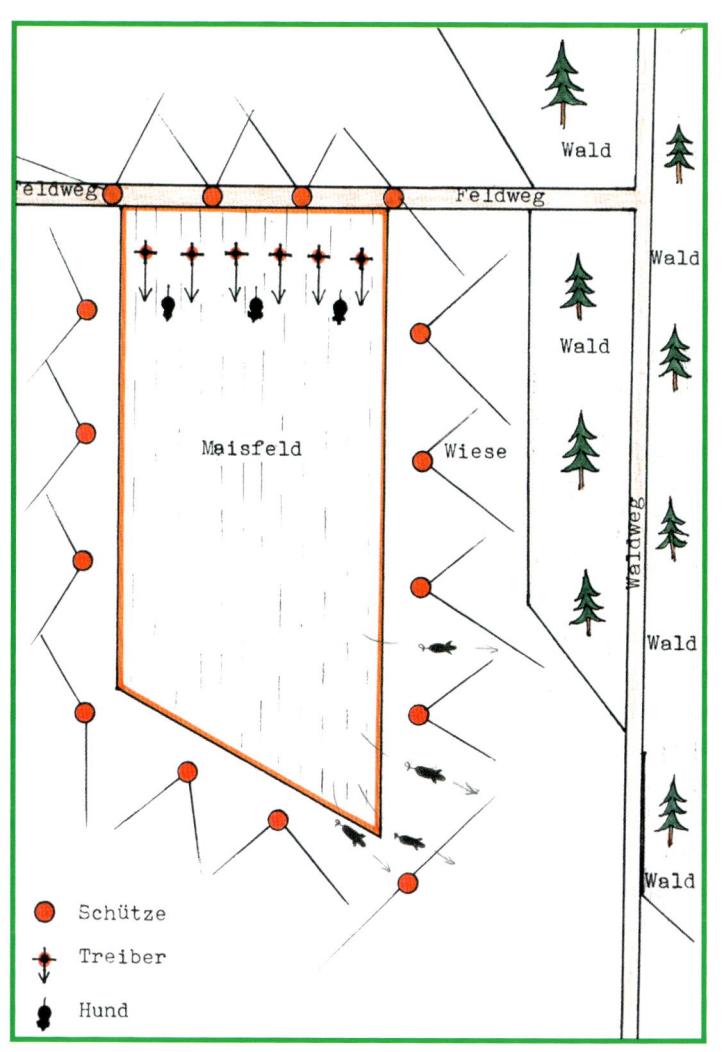

Anstellskizze Maisdrückjagd: Die besten Schützen werden dort postiert, wo das Auswechseln der Sauen am wahrscheinlichsten ist.

Das traditionelle Signal „Aufbruch zur Jagd" oder andere, die Jagd allgemein einleitende Signale sind bei diesen kleinen Jagdbögen zu unterlassen. Erfahrene Sauen wissen dies zu deuten und verlassen mit ihren Frischlingen das Feld, bevor die

Jagdleiter beim Anstellen: Mit gut durchdachtem Plan funktioniert das ohne Beunruhigung der Sauen.

Schützen angestellt sind. Diese Erfahrung ist auch bei kleineren Walddrückjagden zu beherzigen, sonst hat man häufig das Nachsehen, wenn überhaupt, wird also angeblasen „Langsam treiben!", nachdem alle Stände eingenommen sind.

Die genaue Absprache mit den Hundeführern und die Einweisung der Schützen vor dem Anstellen an den wahrscheinlichen Fluchtschwerpunkten vor dem Schnallen der Hunde bringt beim Maisdrücken Sicherheit und Erfolg. Obwohl es selbstverständlich ist und sich aus der Art des Anstellens ergibt, ist ausdrücklich darauf hinzuweisen, dass ausschließlich nach außen geschossen wird!

Besonders dicht abzustellen sind die Feldseiten zu nahem Wald, zu Hecken, Feldgehölzen, Gräben sowie zu den nächsten Maisfeldern oder anderen nach kurzer Fluchtstrecke Schutz bietenden Beständen und Geländeformen.

In großen Maisschlägen hat sich das Anlegen von Schussschneisen bewährt. – In diesem Fall hätte man durchaus noch 6 bis 10 Reihen mehr ernten können, um noch mehr Schussfeld bzw. Zeit für den Schuss zu gewinnen.

Maisjagd bei der Ernte

Eine andere Art der Maisjagd ist das Abstellen von Maisflächen während des Aberntens. Hierbei sind zwei Ernteverfahren zu unterscheiden: die **Silomais-** und die **Körnermaisernte**.

Der Erntetermin ist rechtzeitig mit den Landwirten abzusprechen, um bei günstigem Erntewetter einsatzbereit zu sein. Bei beiden Ernteverfahren ist genau so abzustellen, wie bereits geschildert, doch unterscheidet sich die Jagd durch den jeweiligen Arbeitsvorgang der Ernteverfahren.

Bei der Silomaisernte sind mehrere Fahrzeuge im Einsatz. Der Häcksler und daneben fahrende Schlepper mit Anhänger, die während des Fahrens befüllt werden. Sobald ein Anhänger mit gehäckseltem Maisgut gefüllt ist, rückt ein leerer Anhänger nach, oder man arbeitet sogar mit mehreren Gespannen im Wechsel. Dieser immer bewegliche Menschen- und Maschineneinsatz erfordert von den Schützen besondere Vorsicht bei der Schussabgabe.

Bei der Körnermaisernte ist i. d. R. ein Mähdrescher – auf großen Flächen sind es mehrere – im Einsatz. Am Feldrand stehen leere Anhänger, um das Dreschgut aufzunehmen. Bei diesem Ernteverfahren wäre es nur mit hohem Risiko möglich, die Sauen durch Treiber und Hunde herausdrücken zu lassen. Das wäre besonders für die Hunde gefährlich, da diese in ihrem Jagdeifer und ohne Erfahrung mit dem Maschineneinsatz in das Mäh- oder Häckselwerk geraten können und tödliche Verletzungen erleiden. Darüber hinaus wäre das gesamte Geschehen für den Jagdleiter auch nur noch schwer überschaubar.

Auch bei diesem Ernteverfahren ist immer Maschinen- und Personalbewegung vorhanden, sodass unbedingt Vorsicht bei der Schussabgabe verlangt werden muss.

Erfahrungsgemäß verlassen nur verängstigte Einzelstücke, die beim schnellen Hin- und Herwechseln während des Arbeitsvorganges den Anschluss an die Rotte verpasst haben, das Maisfeld. Die anderen Sauen drücken sich, so lange sie einigermaßen Deckung haben.

Zunehmend wird das Maisfeld durchsichtiger. Die darin steckenden Sauen sind bereits zu sehen. Die Verlockung, in den nun lückigen Bestand zu schießen, ist groß. Dies muss jedoch unter allen Umständen unterlassen werden.

Mit fortschreitendem Ernteablauf wird das Maisfeld kleiner und der Abstand vom noch stehenden Mais zu den anfangs aufgestelltem Schützen immer größer. Es ist daher vorteilhaft, wenn die Schützen gemeinsam die Stellung wechseln, um wieder näher am Mais zu stehen. Dadurch wird das Schießen nach außen – auf einer Linie – erleichtert.

Bevor die letzten Maisreihen fallen, verlassen die Sauen eng aneinandergedrängt das Feld. Nach außen flüchtende Einzelstücke sind vorrangig zu beschießen. In das Rottengedränge zu schießen ist nicht waidmännisch. Durchschlagende Geschosskerne und Splitter verletzen dahinter befindliche Stücke. Lange Nachsuchen bei oft noch warmen Tagestemperaturen führen i. d. R. rasch zum Verludern.

Erlegtes im Schuss liegendes Schwarzwild ist unter Verständigung der Nachbarschützen heran zu holen und zumindest zu lüften.

Diese Jagdart kann besonders an großen Maisfeldern einige Stunden dauern. Die stehenden Schützen ermüden und reagieren dann vielleicht nicht mehr so schnell wie notwendig. Hier haben sich ein Gartenklappstuhl oder ein Sitzstock sowie etwas Proviant einschließlich Getränk aus dem Rucksack bewährt.

Größere Drückjagden – Revierübergreifende Drückjagden

Die einleitend bereits gemachten Ausführungen „Ansprechen des Wildes", „Bekleidung" und „Die Waffe und der Schuss" sind auch auf die größeren und revierübergreifenden Drückjagden übertragbar.

Diese Drückjagden finden i. d. R. in den Herbst- und Wintermonaten statt. Sie unterscheiden sich von den kleineren Drückjagden dadurch, dass sie auf wesentlich größeren Flächen abgehalten werden. Daher ist eine Vielzahl von Schützen erforderlich, die meist auch sehr viel weiträumiger abgestellt werden können. Darüber hinaus verlangt eine solche Jagd auch den Einsatz zahlreicher Jagdhelfer (Forstleute, Treiber, Hundeführer, Fahrer etc.)

Es sollte vorher geklärt sein, ob jagdlich eine Notwendigkeit besteht, sich die große Mühe der Planung, Organisation und Durchführung zu machen und sich eine so außerordentliche Verantwortung aufzubürden.

Lässt der Schwarzwildbestand eine solche Jagd mit Aussicht auf Erfolg zu oder macht er sie wegen der Wildschäden und/oder zur Bestandsreduktion sogar notwendig, so kommen auf den Jagdherrn und seine Mitarbeiter umfangreiche Aufgaben zu, die nicht zu unterschätzen sind. Die nachfolgenden Kapitel bieten Hilfen, um diese Aufgaben leichter zu bewältigen.

Planung

Aufgaben des Jagdherrn
Der Jagdherr eines so großen Reviers verfügt i. d. R. über Jagd- und Büropersonal. Dieses wird rechtzeitig zu einer Dienst-

besprechung geladen. Soll eine revierübergreifende Drückjagd abgehalten werden, sind auch die angrenzenden Revierpächter einzuladen. Mit diesen ist eine einvernehmliche Festlegung des Jagdablaufes und der geltenden Regeln zu treffen.

Große Schützenzahlen erfordern aus organisatorischen Gründen Gruppenbildung.

Der Jagdherr bestimmt daher seine Gruppenleiter. Die Anzahl richtet sich nach der Größe der zu bejagenden Fläche und der notwendigen Anzahl der Schützen.

Er bespricht mit den Gruppenleitern und den benachbarten Revierpächtern den Ablauf des gesamten Jagdtages und delegiert nach Schwerpunkten die Aufgabengebiete an Schreibkraft, Gruppenleiter und sonstiges jagdliches und forstliches Hilfspersonal.

Die Pächter der Nachbarreviere organisieren die Abläufe in ihrem eigenen Gebiet und laden ihre Schützen selber ein. Sie informieren diese am Jagdtag über erfolgte Absprachen und weisen ihnen die Stände zu.

Die Gruppenleiter werden von der Schreibkraft mit dem notwendigen **Formblattmaterial** (siehe Anlage), das bei so großen Jagden und Schützenzahlen notwendig ist, versorgt (siehe Aufgaben der Schreibkraft).

Die Ständeeinteilung ist zu besprechen, und davon ausgehend wird festgestellt, wie viele Treiber und Hundeführer und Hunde benötigt werden.

Das Forst- bzw. Jagdpersonal hat vorhandene jagdliche Einrichtungen auf ihre Brauchbarkeit zu überprüfen und ggf. auszubessern, Bodenstände zu markieren und durch Aufastung und Freischneiden für Schussfeld zu sorgen.

Auf die Unfallverhütungsvorschrift Jagd ist hinzuweisen. Gegebenenfalls ist die zuständige Berufsgenossenschaft um Bereitstellung der neuen Durchführungsvorschriften zu bitten.

Das Überjagen von Hunden in benachbarte Reviere, die sich an der Jagd nicht beteiligen, ist möglichst auszuschließen. Dies gelingt am leichtesten durch eine entsprechende Führung des Treibens, das in angemessener Entfernung von der jeweiligen Reviergrenze zu enden hat und bei dem die Hundeführer/Durchgehschützen – mit den Hunden im Treiben sind. Darüber hinaus werden in enger Nachbarschaft zu nicht teilnehmenden Revieren auch keine Schützen angestellt. Und schließlich bietet die Auswahl bogenrein jagender Hunde – Erfahrung, Führerbindung und Führigkeit – die Gewähr, dass ein Überjagen weit gehend ausgeschlossen werden kann.

Anmerkung:
Bei Drückjagden auf Sauen wird meist auch Rehwild freigegeben, um den Abschuss zu erfüllen. Da Rehböcke in dieser Zeit ihr Gehörn i. d. R. abgeworfen haben, sind diese in der Hektik oft schwer anzusprechen und können leicht mit weiblichen Stücken verwechselt werden. Nach § 39 Abs. 3a BJagdG handelt ordnungswidrig, wer vorsätzlich oder fahrlässig Rehböcke in der Schonzeit erlegt. Die Schützen sind darauf nochmals aufmerksam zu machen.

Für den Fall eines Jagdunfalles ist die Handy-Nummer eines Rettungsfahrzeuges bekannt zu geben.

Durch entsprechende Vereinbarung ist sicherzustellen, dass sich ein oder mehrere örtliche Tierärzte zur Versorgung eventuell geschlagener Hunde bereit halten.

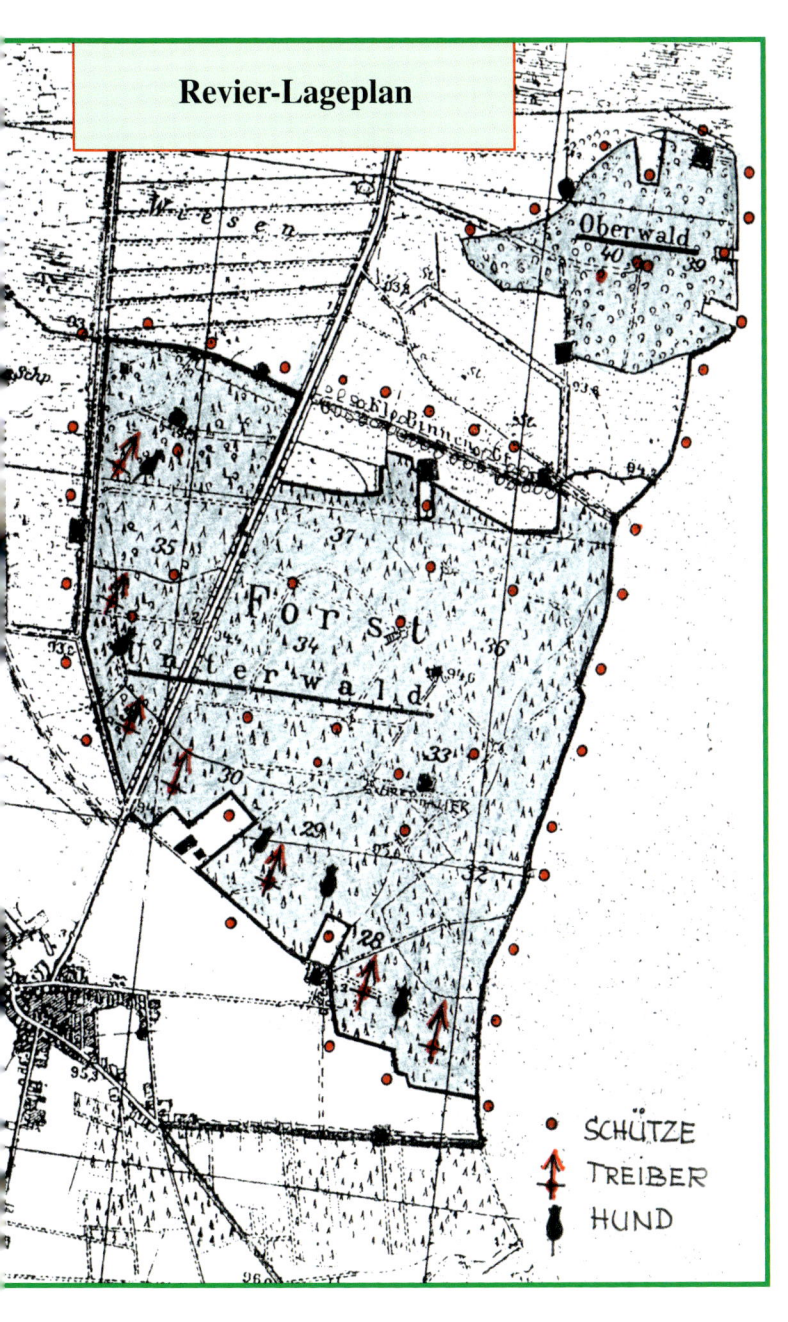

Revier-Lageplan

SCHÜTZE
TREIBER
HUND

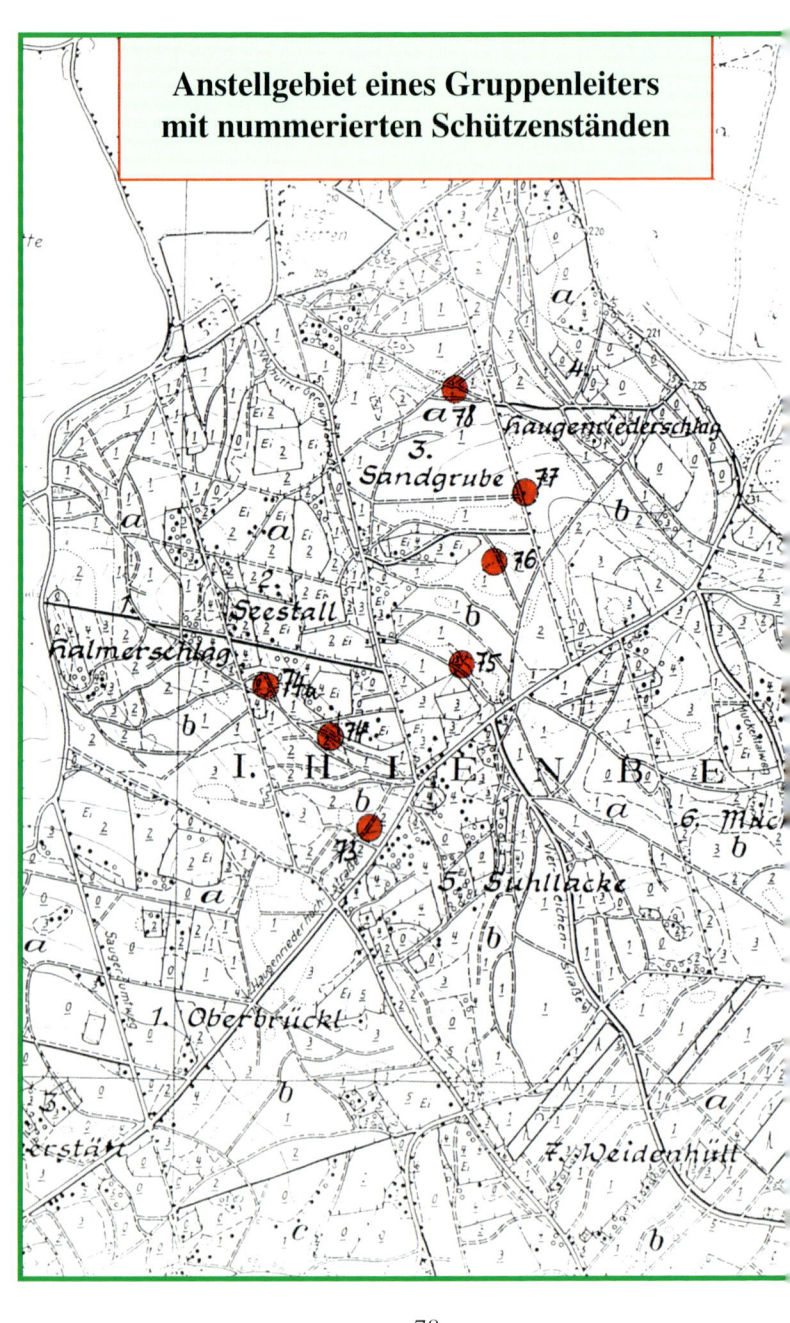

Anstellgebiet eines Gruppenleiters mit nummerierten Schützenständen

Notwendig für einen reibungslosen Ablauf einer so großen Drückjagd sind folgende Unterlagen bzw. Vorkehrungen:

Maßstabgerechte Revierlagepläne (1 : 10 000), die, falls nicht vorhanden, beim Vermessungsamt zu erhalten sind und dann mit den revierinternen Einträgen versehen werden.

Je nach Anzahl der gemeldeten Schützen werden die möglichen Schützenstände besprochen und die günstigen Standorte mit einem roten Punkt im Lageplan markiert und mit einer Stand-Nr. versehen.

Jeder Gruppenleiter erhält:

a) eine **Gruppenleiterfarbe** zugewiesen, was die Gruppenbildung am Tage der Jagd vereinfacht,

b) einen **Revierlageplan seines Anstellgebietes** mit eingetragenen Schützenständen,

c) eine **Namensliste** der von ihm anzustellenden Schützen.

Aufgaben der Schreibkraft

- die vorhandenen Revierlagepläne bereit halten und fehlende für die Planungsbesprechung zu besorgen,

- die vorjährige Teilnehmerliste bereit halten und evtl. interessierte neue Teilnehmer vormerken (siehe Muster),

- Jagdeinladungen (Muster) schreiben, verschicken bzw. telefonisch einladen und die Teilnehmerlisten aktuell führen,

- für jeden Gruppenleiter eine Liste der ihm zugeteilten Schützen anzufertigen und diesem auszuhändigen,

Muster von Teilnehmerlisten

Der Revierinhaber/die Schreibkraft führt ständig zu aktualisierende Listen über Schützen, die kurzfristig für einen Einsatz an Wochentagen, am Wochenende oder gar jederzeit zur Verfügung stehen.

Einsatz an Wochentagen			
Name des Schützen	Anschrift	Telefon/Fax	Hund: ja/nein

Einsatz nur am Wochenende			
Name des Schützen	Anschrift	Telefon/Fax	Hund: ja/nein

Einsatz jederzeit möglich			
Name des Schützen	Anschrift	Telefon/Fax	Hund: ja/nein

Muster einer Schützenliste

Jeweils für die Gruppen: rot, grün, braun, gelb usw.

Stand-Nr.:	Name, Schütze:	Stand-Nr.:	Name, Schütze:

Absender   Ort, Datum ...

Anschrift des Schützen

EINLADUNG

zur Schwarzwilddrückjagd am ...

Treffpunkt: Jagdhaus im Revier ...

Freigabe: erfolgt am Jagdtag

Beginn: 8 Uhr 30 – **Ende:** voraussichtlich gegen 12 Uhr 30

Sehr geehrte Frau/Herr ...,
ich würde mich freuen, Sie bei meiner Schwarzwild-Drückjagd begrüßen zu dürfen.

Wegen den umfangreichen Vorbereitungsarbeiten bitte ich **Ihre Teilnahme bis spätestens ... zuverlässig mitzuteilen.**

Erhalte ich bis dahin keine Zusage, gehe ich davon aus, **dass Sie nicht teilnehmen**.

Vorsorglich weise ich auf die Unfallvorschriften hin, die bestimmen, dass bei Gesellschaftsjagden jeder Schütze zumindest an der Kopfbedeckung ein Farbband anbringen muss.

Da nicht alle Schützen eine feste Ansitzeinrichtung benützen können, ist es vorteilhaft einen Sitzstock mitzubringen, da diese Jagd einige Stunden dauern wird.

Waffen mit einem Kaliber unter 7 mm und Geschossen unter 10 g dürfen aus waidmännischen Gründen nicht verwendet werden.

Es ist selbstverständlich, dass Sie im Besitz eines gültigen Jahresjagdscheines sind und diesen bei der Jagd auch mitführen.

Nach der Jagd wird an der Jagdhütte ... Strecke gelegt; anschließend können Sie ab 16 Uhr an einem gemütlichen Beisammensein im Gasthaus ... teilnehmen.

Ich wünsche Ihnen einen guten Anlauf
und
Waidmannsheil

Muster einer nummerierten Standkarte für größere/revierübergreifende Drückjagden

Jagd am	Name, Schütze:	Stand-Nr.:	**Gruppe: rot**
Anblick:	abgegebene Schüsse:	erlegt:	Nachsuche: ja/nein

Treffpunkt ....

Jagdleitung: ....

Handy-Nr.:

Gruppenleiter: rot ....

„ „ gelb ....

„ „ grün ....

„ „ braun ....

Tierarzt: ....

Rettungsfahrzeug: ....

Hinweise:

1. Sie sind eingeteilt in die Gruppe „rot" (siehe oben rechts!)
2. Begeben Sie sich zu dem in der Gruppenfarbe gekennzeichneten Sammelplatz. Ihr Gruppenleiter erwartet Sie dort. Er informiert Sie und bringt Sie auf Ihren Stand.
3. Jeder Schütze ist für seinen Schuss selbst verantwortlich!
4. Die Waffe darf erst auf dem Stand geladen werden; sie ist beim Verlassen des Standes (Jagdende) sofort zu entladen.
5. Der Stand darf während der Jagd nicht verlassen werden (keine Anschusskontrolle!)
6. Informieren Sie sich über den Standort Ihres/Ihrer Standnachbarn und nehmen Sie – soweit möglich – Sichtkontakt auf.

- für jeden Schützen ist ein Formblatt zu fertigen (= **Standkarte**), das ihm vor der Begrüßung auszuhändigen ist. Dieses Formblatt ist mit der Farbe der jeweiligen Gruppe/des Gruppenführers zu versehen. Der Name des Schützen und seine Stand- Nr. sind einzutragen.

- Treiber und Hundeführer sind rechtzeitig in die Planung einzubeziehen,

- die Wildbrethandlungen sind anzuschreiben. Sofern Interesse am Erwerb des Wildes besteht, sind Preise auszuhandeln und Lieferbedingungen einzuholen,

- nach Ablauf der Drückjagd sind alle Unterlagen, die für eine nächste Jagd notwendig oder nützlich sind, einzusammeln und aufzubewahren, insbesondere die an die Schützen ausgegebenen Standkarten sind für die Auswertung des Jagdtages zu archivieren und bereitzuhalten.

Aufgaben des Gruppenleiters

Vor der Jagd
Innendienst: Die bei der Planungsbesprechung erfolgten Anweisungen sind auf ihre praxisgerechte Umsetzbarkeit zu prüfen, bei eventuellen Unklarheiten oder Verbesserungsvorschlägen ist Rücksprache zu halten.

Die von der Schreibkraft erhaltenen Unterlagen sind auf den Praxisstand zu bringen. Fehlendes Material, wie Werkzeug, Bretter, Markierungsbänder etc., das im Revier benötigt wird, ist zu besorgen.

Außendienst: An Hand der erhaltenen Revierkarte und der eingetragenen Schützenstände sind die jagdlichen Einrichtungen auf ihre Brauchbarkeit zu überprüfen ggf. auszubessern und mit **Farbbändern** zu markieren. Im Bedarfsfalle sind **neue Drückjagd-Hochsitze** zu bauen (siehe Abb.) und an den Bodenständen Schussschneisen frei zu schneiden. Es hat sich auch bewährt, an den einzelnen Ständen Standnummern anzubringen; sie erleichtern das Anstellen und bieten z. B. auch dem Notfalldienst eine sichere Orientierungshilfe.

Diese Arbeiten sind bis spätestens eine Woche vor der Drückjagd abzuschließen, damit durch die Arbeiten das Wild nicht beunruhigt und zum Wechseln des Einstandes veranlasst wird. Nach Abschluss der Arbeiten ist der Jagdherr zu unterrichten.

Der Sammelplatz, der üblicherweise auch als Platz zum Streckelegen (siehe Abb. Sammelplatz und Streckelegen) verwendet wird, ist entsprechend herzurichten: Feuer, Schmuckreisig, Brüche. Hier erfolgt

Markierter Schützenstand

Drückjagd-Hochsitz ohne Standbrett

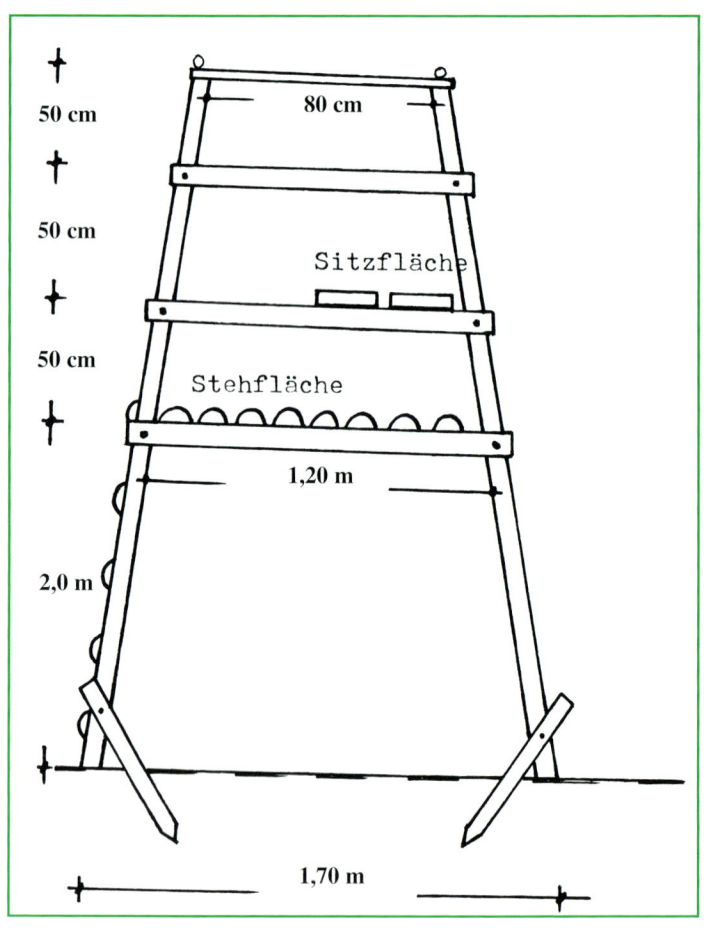

Konstruktionszeichnung eines leicht umstellbaren Drückjagd-Hochsitzes mit Standbrett

je nach Anzahl der Schützen die Gruppeneinteilung. In der Beispielszeichnung (Sammelplatz, Stand-Nummer-Ausgabe, Begrüßung) sind vier Gruppen vorgesehen.

Jeder Gruppenleiter erhält eine Farbmarkierung (hier: rot, grün, braun, gelb), die er auf seinem Hut trägt, damit die Schützen ihren Gruppenleiter sofort erkennen.

In großen Abständen (ca. 15 bis 20 Meter) zueinander im Viereck werden Brüche (Zweige) in den Boden gesteckt und mit der jeweiligen Gruppenfarbe (Band oder Farbsprüher, siehe Abb.) gekennzeichnet. Hier sammeln sich die Schützen bei ihrem mit gleicher Farbe gekennzeichnetem Gruppenleiter.

Für ausreichenden Parkraum in der Nähe des Sammelplatzes ist zu sorgen.

An den öffentlichen Straßen sind Warnschilder anzubringen (siehe Foto). Das Landratsamt und vorsichtshalber auch die Polizei sind zu verständigen und ggf. zu bitten, Warnschilderschilder mit Geschwindigkeitsbegrenzungen anzubringen.

Falls kein geeignetes Gebäude am Sammelplatz vorhanden ist, wird dort, um vom Wetter unabhängig zu sein, ein begehbares Kleinzelt aufgestellt, in dem die Schreibkraft die nach Gruppen geordneten Standkarten an die Schützen ausgibt (siehe Muster).

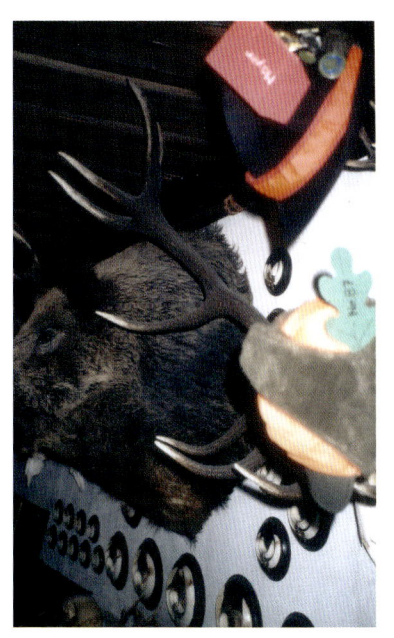

Hutmarkierung der Schützen

Warnschild „Jagdbetrieb"

Sammeln der Schützen bei ihrem Gruppenleiter

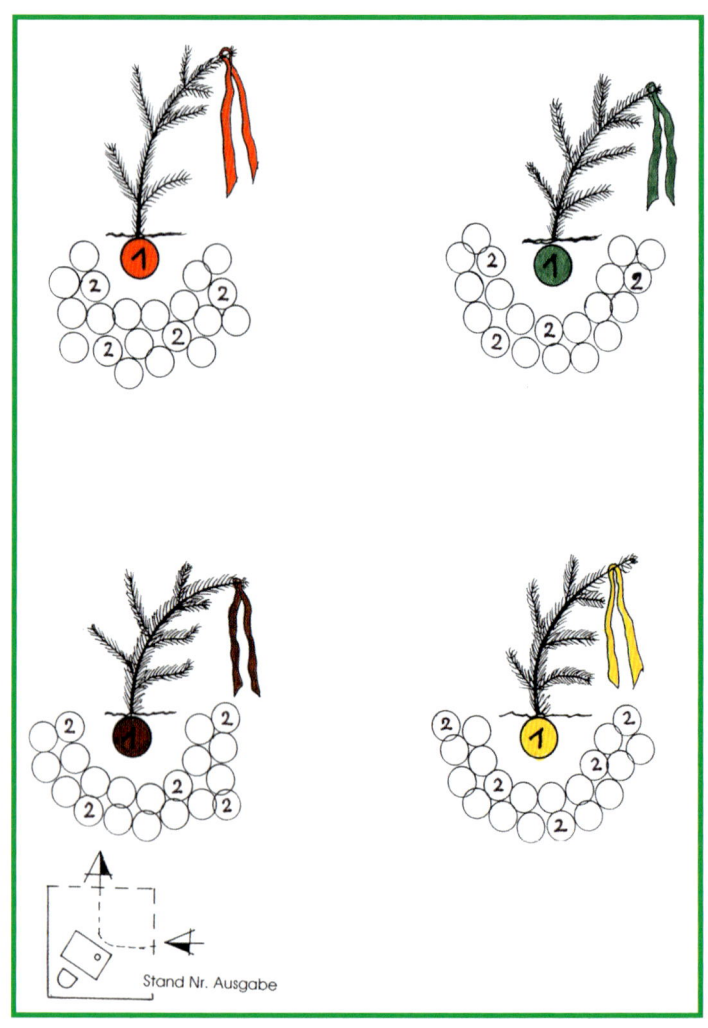

Nachdem die Schützen ihre nummerierten (Standnummer) und durch die Gruppenfarbe gekennzeichneten Standkarten erhalten haben, begeben sie sich zum „Farbbruch" der Gruppe und werden dort durch den Gruppenleiter empfangen. Er teilt den Schützen – soweit sie nicht selbst fahren (z. B. Hundeführer) – die Fahrzeuge zu; nach der Begrüßung durch den Jagdherrn/Jagdleiter wird unverzüglich abgerückt.

Begrüßung am Sammelplatz

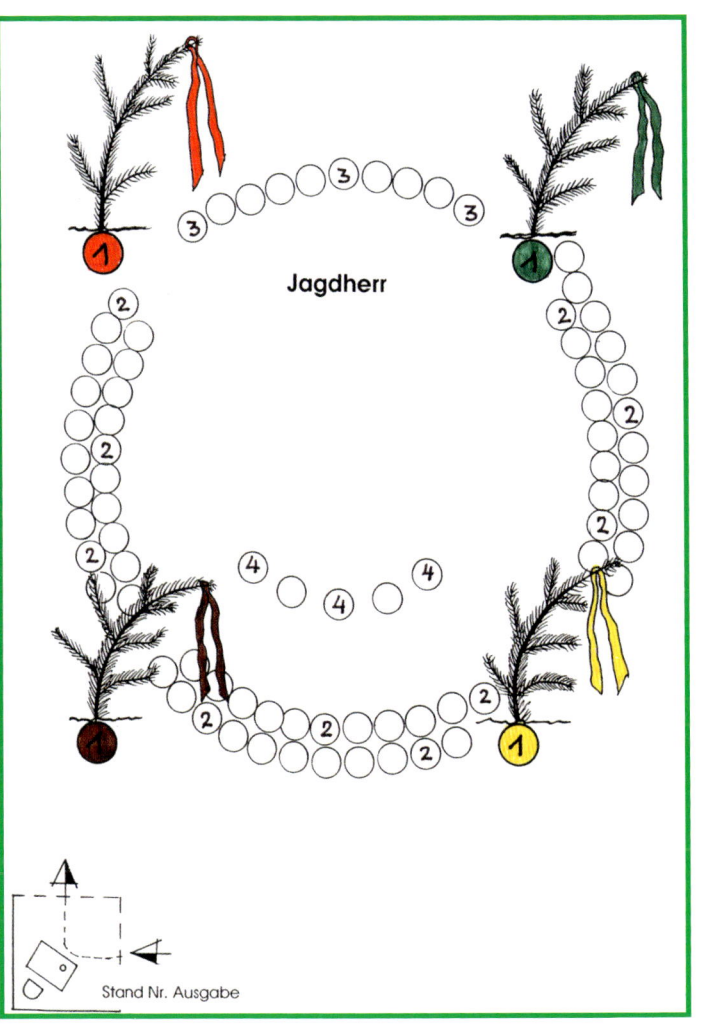

Jagdherr

Stand Nr. Ausgabe

1 Gruppenleiter
2 Schützen
3 Bläser
4 Hundeführer

Begrüßung – Sicherheitsbelehrung – Freigabe – Besonderes – Abrücken

Durchführung

Beginn: Die Gruppenleiter weisen die mit dem PKW ankommenden Schützen auf den Parkplatz ein, kontrollieren – soweit dies vom Jagdleiter vorgesehen ist – die Gültigkeit der Jagdscheine und schicken die Schützen zur Standkarten-Ausgabe im Zelt/Gebäude. Die Schützen haben sich anschließend auf dem Sammelplatz am farblich gekennzeichneten Bruch einzufinden.

Es erfolgt die Begrüßung und die Information der Schützen durch den Jagdleiter: Ablauf, Sicherheitshinweise, Freigabe, Uhrenvergleich sowie ggf. Besonderheiten, z. B.

– der Hinweis, dass ein Schütze keine weiteren Schüsse abgeben darf, wenn er bereits zwei Stücke Wild beschossen hat und diese nicht sichtig verendet sind und folglich mehr als eine Nachsuche wahrscheinlich ist. Auch dieser Schütze darf seinen Stand erst nach Jagdende verlassen!

– der Hinweis, dass nach Jagdende den Schützen anlaufende Hunde anzuleinen und zum Sammelplatz mitzubringen sind, oder

– spezielle Anweisungen zur Versorgung des Wildes nach Jagdende, z. B. zur Gewinnung von Untersuchungsmaterial.

Die Bläser begrüßen die Gäste, und nach dem Signal „Aufbruch zur Jagd" kann dann abgerückt werden. Die Schützen gehen oder fahren mit ihrem Gruppenleiter in die einzelnen Revierteile, um dort auf die Stände verteilt zu werden; auch die Fahrzeuge tragen die Nummer bzw. das Farbkennzeichen der Gruppe.

Am Stand erklärt der Gruppenleiter, der auch Ansteller ist, dem Schützen Richtung und Verlauf des Treibens sowie seinen Schussbereich (rechte und linke Grenze, evtl. Wechsel, Besonderheiten) und weist ihn auf die Stände der unmittelbaren Nachbarschützen ein. Die Nachbarschützen haben sich gegenseitig (soweit möglich!) durch Handzeichen zu verständigen.

Nach Einnehmen des Standes und Verständigung mit den Nachbarn darf normalerweise geschossen werden. Der Stand darf während des Treibens keinesfalls – auch nicht zur Anschussbesichtigung! – verlassen werden.

Mit dem Ende des Treibens – nach Ablauf der vereinbarten Zeit, deshalb Uhrenvergleich bei der Einweisung! – ist die Waffe zu entladen; erst dann darf/kann sich der Schütze zum Anschuss begeben. Nach Ende des Treibens dürfen ausschließlich notwendige Fangschüsse abgegeben werden.

Soweit das Wild nicht zentral versorgt wird, hat der Schütze das Stück – wenn möglich – an den nächsten Weg zu ziehen und dort aufzubrechen, dabei sind die Bestimmungen des Fleischhygienegesetzes und ggf. darüber hinaus gehende Vorgaben des Jagdherrn (siehe unten) zu beachten und strikt einzuhalten.

Kann der Schütze das Stück nur mit fremder Hilfe an den nächsten Weg ziehen, ist es sachgerecht zu lüften, bis Hilfe kommt. Keinesfalls sollten Stücke in oder direkt am Rande einer Dikkung versorgt werden, denn die Reste des Aufbruchs können die Arbeit der Nachsuchengespanne erschweren.

Ist das beschossene Stück nicht in dem vom Schützen überschaubaren Bereich verendet und damit die Notwendigkeit einer Kontroll- oder Nachsuche wahrscheinlich, muss der Schütze den Anschuss deutlich und dauerhaft zu kennzeichnen (siehe Abb.). Ob er dazu die traditionellen Bruchzeichen und/oder eine farbige Markierung nutzt, ist ihm überlassen.

Der abholende Gruppenleiter oder dessen Vertreter wird zum Anschuss geführt oder in unklaren/kritischen Fällen auf den

Begrüßung

Heil Euch, Män-ner der grü - nen Tracht!

Der Jagd-hör-ner Sig - nal hell ju - belnd klingt es vom Berg bis in das Tal zum fro-hen Gruße, zum Gruße für Euch._ Euch.

Aufbruch zur Jagd

♩ = 100

Frisch auf zur Jagd, vor-bei die Nacht laßt uns jetzt ja-gen!

_ Frisch auf zur Jagd, vor-bei die Nacht, laßt uns jetzt ja - gen!_

_ Frisch auf zur Jagd, vor-bei die Nacht, laßt uns jetzt ja-gen!_

Ein zünftiges Feuer gehört zu jedem Sammel- und Streckenplatz.

Ende Oktober – starke Treiberwehr rückt lautlos ab ...

vermutlichen Anschuss eingewiesen. Je nach vorhandenen Schusszeichen (siehe Abb., Seite 103) und an Hand des ausführlichen Berichtes des Schützen (Verhalten des Wildes nach dem Schuss) entscheidet er, ob sofort oder zu einem späteren Zeitpunkt nachzusuchen ist.

Sofern den Schützen nach Ende des Treibens Hunde anlaufen, sollte er diese anleinen und zum Sammelplatz mitbringen.

Es können an einem Jagdtag auch mehrere Treiben (meist sind es nur zwei) durchgeführt werden, die dann in einem engeren zeitlichen Rahmen stattfinden. So ist es durchaus möglich, dass in einem Revierteil, der bereits getrieben wurde, nach der Bergung des Wildes schon einzelne Nachsuchen beginnen, während in einem anderen Revierteil nach einer Jagdpause ein zweites Treiben läuft.

Sofern mehr als ein Treiben durchgeführt wird, kann in der Jagdpause am Sammelplatz ein kleiner Imbiss, zumindest ein warmes Getränk gereicht werden. Die Pause dient der Erho-

... und hat Aufstellung genommen

lung der Teilnehmer, dem Einsammeln bzw. Zulaufen der eingesetzten Hunde, dem Sammeln und ggf. Aufbrechen des erlegten Wildes und schließlich der Information über das zweite Treiben.

Im Januar sind Drückjagden zu unterlassen, da die Bachen bereits beschlagen sind. Auch kommt es immer öfter vor, dass bei günstiger Witterung im Herbst Bachen bereits Ende Januar gefrischt haben. Unter der nervlichen Anspannung einer solchen Drückjagd ist, vor allem, wenn es schnell gehen muss, das Ansprechen nicht einfach; bei hoher Schneelage wird das Gesäuge einer Bache leicht übersehen, sodass sie fälschlicherweise nicht als führend erkannt wird.

Ferner ist das Drücken bei starker Kälte, hoher Schneelage und Harschbildung nach den Bestimmungen des Tierschutzgesetzes zu unterlassen. Dies gilt im Übrigen auch für den Hundeeinsatz, da besonders bei Harschbildung die Verletzungsgefahr an den Läufen sehr groß ist.

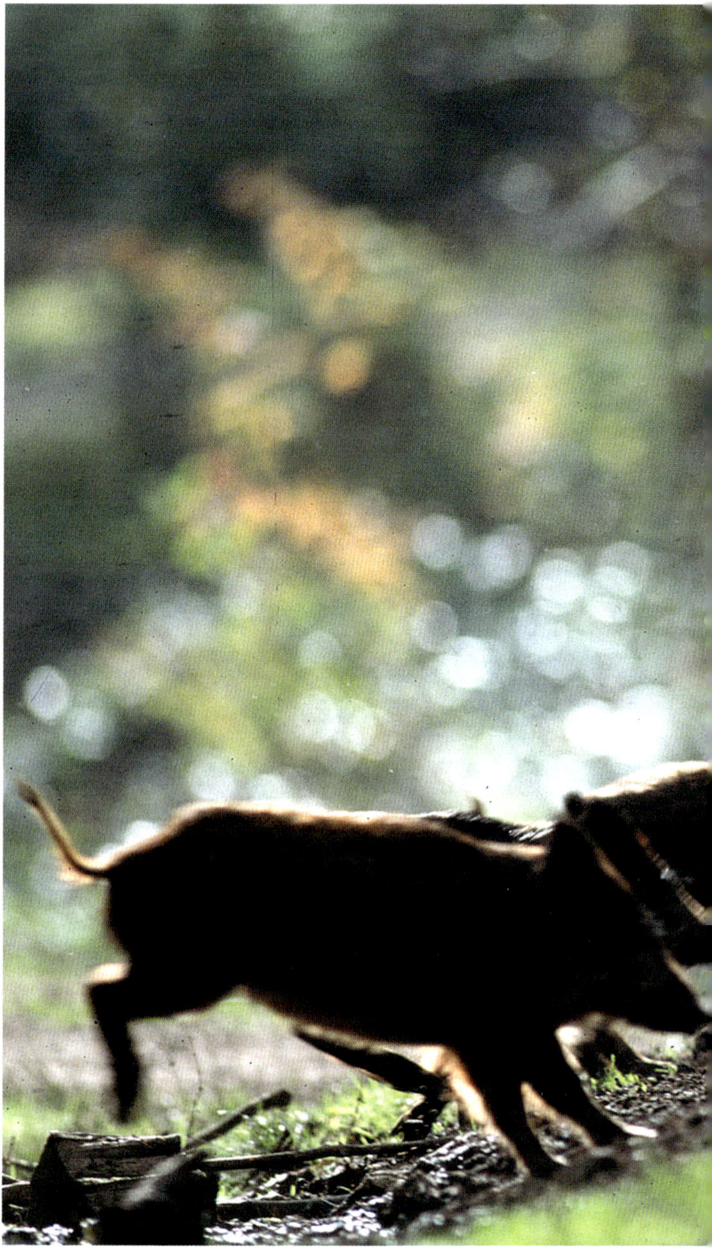

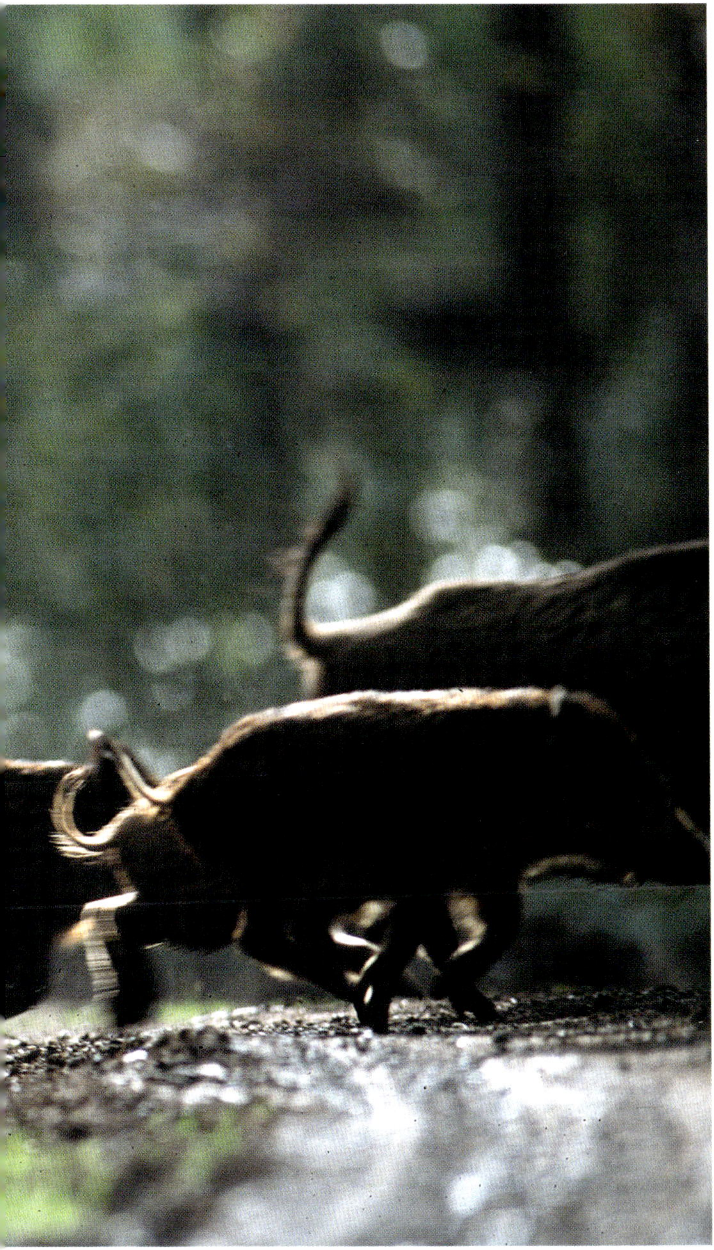

Streckelegen am Sammelplatz

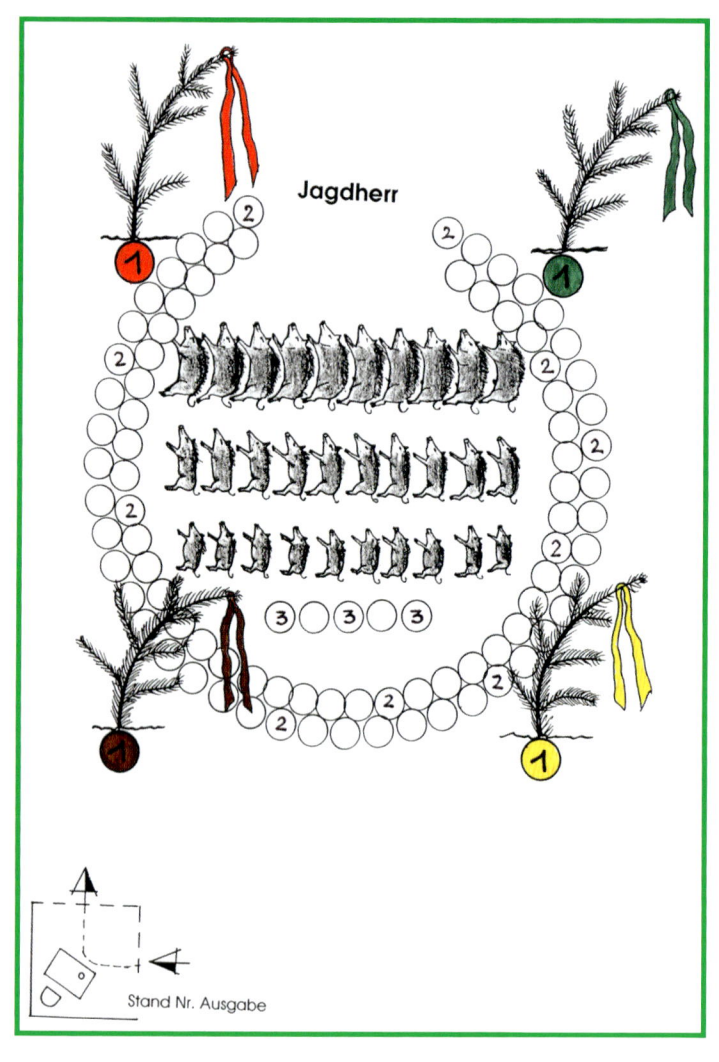

1 Gruppenleiter
2 Schützen und Hundeführer
3 Bläser

Selbstverständlich sind auch andere Aufstellungen möglich und üblich.

Zwischen und nach den Treiben sammeln bei entsprechender Vorgabe Beauftragte das erlegte Wild, um es zu liefern und zu versorgen. Um einer eventuellen Seuchenübertagung vorzubeugen, sollte alles erlegte Wild möglichst an zentralem Platz aufgebrochen werden; das Gescheide wird in geeigneten Behältern gesammelt.

Im Dezember – Einteilung der Schützen auf die Gruppenfahrzeuge

Hunde im Einsatz

Gut sichtbare „kombinierte" Anschussmarkierung: Anschussbruch mit Farbband und Fährtenbruch (leider nicht geäftert)

Jedes erlegte Stück erhält am Streckenplatz eine dauerhafte Markierung (Anhänger oder Kunststoffmarke), die zu nummerieren ist und auf der auch der Name des Erlegers vermerkt wird.

Von jedem Stück wird eine Blutprobe entnommen. Diese wird mit der Nummer des Stückes gekennzeichnet und in einer Liste für die spätere Seuchenuntersuchung festgehalten. Darüber hinaus sind je Stück die vorgeschriebenen Gewebeproben für die Trichinenbeschau zu entnehmen. Diese werden wiederum

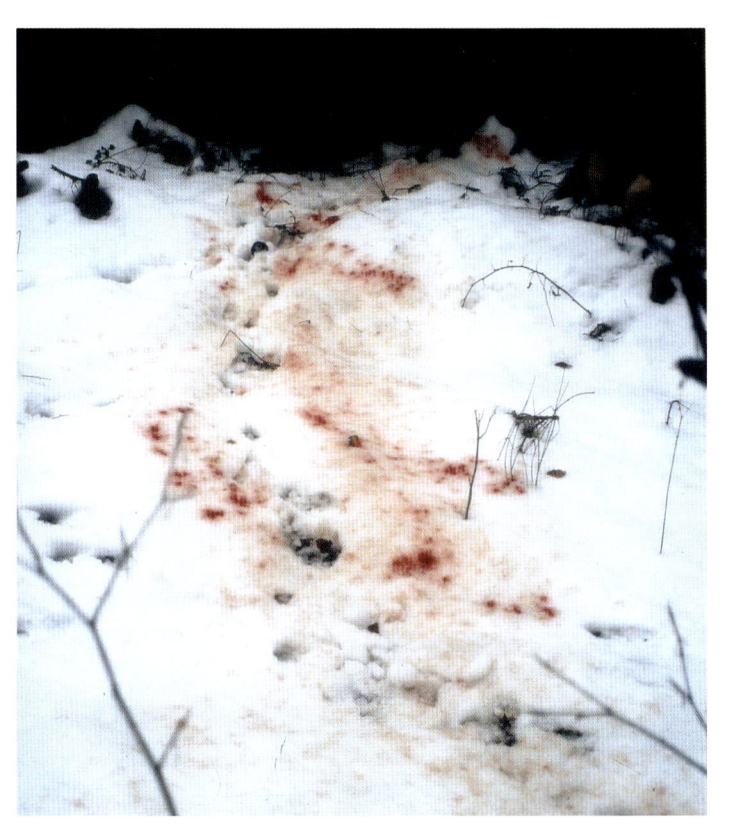

Guter Schuss: Schon wenige Meter nach dem Anschuss liegt in der Fluchtfährte ausreichend Schweiß.

mit den Nummern der Stücke gekennzeichnet und in einer gesonderten Liste aufgeführt. Ferner ist seit dem Unfall im Atomkraftwerk Tschernobyl (1984) in gefährdeten Gebieten jedem Stück eine Wildbretprobe von ca. 500 g zu entnehmen, zu nummerieren und der Untersuchung auf den Radio-Cäsium-Strahlenbelastung zuzuführen.

Nach Abschluss der Drückjagd versammeln sich alle Teilnehmer zum festgelegten Zeitpunkt am Sammelplatz, an dem die Strecke gelegt wird (siehe Abb. und Zeichnung Seite 98/99).

Sau tot!

♩ = 76

Ge-stern a-bend schoß ich auf ein gro-bes Schwein, ge-stern a-bend schoß ich auf 'ne Sau. Ge-stern a-bend traf den Kei-ler ich al-lein, ge-stern a-bend zielt' ich ganz ge-nau. Ha-la-li, ha-la-li.

Aufhören zu schießen! – (Abblasen des Treibens)

♩. = 56

Hahn in Ruh, Hahn in Ruh!

Sammeln der Jäger

♩. = 84

Jä-gers-leu-te ver-sam-melt Euch, hab' Euch et-was zu sa-gen!

Jagd vorbei!

♩ = 76

Jagd aus, die Jagd aus! Das Jagen ist zu Ende! Ha - la - li.

Halali!

♩. = 96

Wir grüßen das e-de-le Waid-werk, wir grüßen das e-de-le Waid-werk, wir grüßen das e-de-le Waid-werk mit Hor - ri - do!

Der Jagdherr gibt die Tagesjagdstrecke bekannt und überreicht die Schützenbrüche. Die Bläser verblasen die Strecke und schließen mit „Jagd vorbei und Halali" den Jagdtag ab.

Ein gemütliches Beisammensein mit Schüsseltreiben lässt den hoffentlich schönen und erfolgreichen Jagdtag ausklingen.

Abschlussarbeiten
Das versorgte Wild ist so schnell als möglich in den Kühlraum zu bringen.

Für einen Verkauf des Wildes an Schützen, ist am Sammelplatz eine Wiegemöglichkeit einzurichten.

Die Käufer sind darauf aufmerksam zu machen, dass die Bestimmungen des Fleischhygienegesetzes einzuhalten sind. Das gilt für die Verwertung im eignen Haushalt ebenso wie bei Veräußerung an Dritte, insbesondere aber für die Abgabe an den Wildhandel.

Außendienstarbeiten: Alle nicht verwertbaren Teile des Wildes werden in Containern unverzüglich der Tierkörperbeseitigung zugeführt. Der Sammelplatz ist zu räumen und zu reinigen.

Die an den Straßen aufgestellten Warnschilder sind nach dem Streckelegen/Abrücken der Schützen unverzüglich zu entfernen.

Eigens für die Drückjagd erstellte Reviereinrichtungen können entfernt werden, sofern sie nicht für eine der nächsten Jagden Verwendung finden sollen.

Das am Drückjagdtag bei der Nachsuche nicht aufgefundene angeschweißte Wild, ist zeitig am nächsten Morgen nachzusuchen. Gefundenes Wild ist sofort aufzubrechen. Hierbei ist es auf seine Brauchbarkeit als Lebensmittel zu untersuchen und ggf. zu entsorgen.

Die im **Innendienst** anfallenden Aufgaben erstrecken sich hauptsächlich auf die Abrechnung mit den Wildaufkäufern, das Sammeln von Vordrucken, Namenslisten etc. für folgende Jagden und die Auswertung dieser Unterlagen sowie vor allem der Standkarten als Grundlage für die Umsetzung der gemachten Erfahrungen bei der nächsten Drückjagd.

Die Überwachung und Durchsetzung der notwendigen fleischhygienischen und seuchenhygienischen Maßnahmen verdient darüber hinaus besondere Beachtung:

Trichinenbeschau, hier ist darauf hinzuweisen, dass beim Aufbrechen jeden Stückes ausreichend Zwerchfellreste für die Untersuchung im Tierkörper verbleiben müssen, um ein aussagekräftiges Untersuchungsergebnis zu gewährleisten.

Schweinepest. Um die Risiken einer Übertragung vom Wildschwein auf das Hausschwein und umgekehrt zu verhindern, ist es notwendig das Blut erlegten Schwarzwildes untersuchen zu lassen.

Innere Organe sind auf krankhafte Veränderungen zu prüfen und ggf. untersuchen zu lassen.

Die Radio-Cäsium-Strahlenbelastung durch die Katastrophe im Atomkraftwerk Tschernobyl hat sich auf Teile des westeuropäischen Raumes ausgeweitet. Wildbret kann mit Cäsium belastet sein, das bei menschlichem Verzehr gesundheitliche Schäden verursachen kann. Wildbret aus gefährdeten Regionen unterliegt daher grundsätzlich der Untersuchungspflicht. Inländisches Wildbret mit einer Belastung von über 600 Bq/kg darf nach § 17 Abs. 1 Nr. 2 b LMBG grundsätzlich nicht

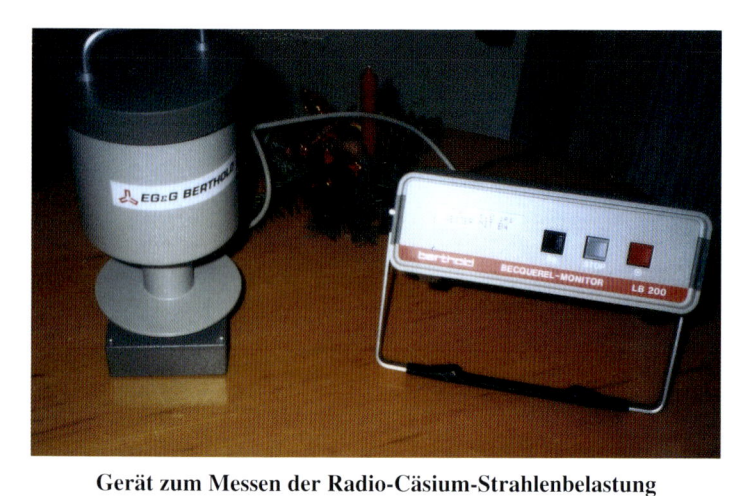

Gerät zum Messen der Radio-Cäsium-Strahlenbelastung

dem menschlichen Verkehr zugeführt werden. Es ist zu entsorgen! – Zuwiderhandlungen werden strafrechtlich verfolgt.

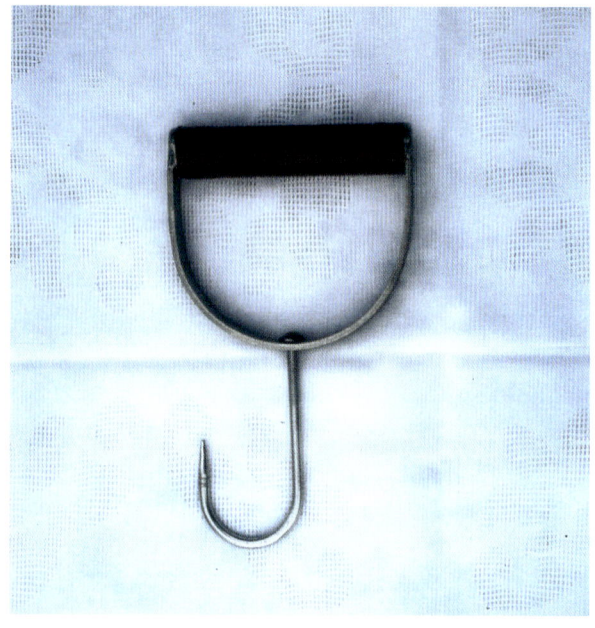

Bergehilfe „Wildtransporthaken"

Schließlich darf nicht vergessen werden, Dankschreiben an alle mithelfenden Personen und Organisationen, wie Rotes Kreuz, Tierarzt, Verkehrspolizei und sonstige Helfer, zu richten und sie schon positiv auf den nächsten Einsatz einzustimmen.

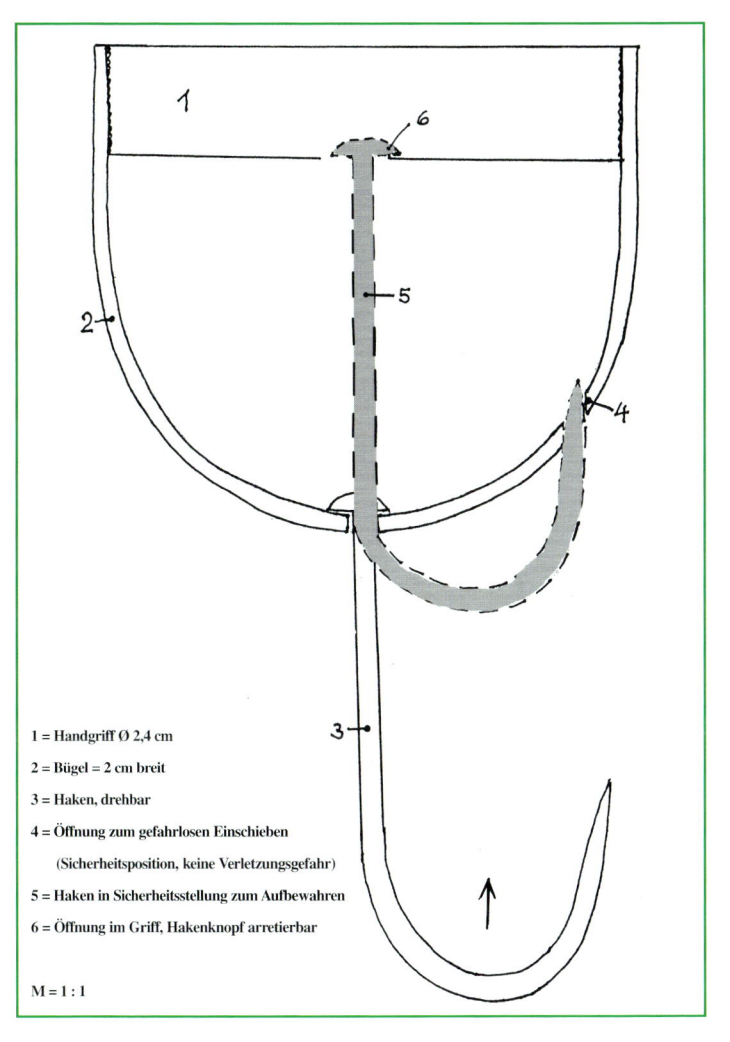

1 = Handgriff Ø 2,4 cm
2 = Bügel = 2 cm breit
3 = Haken, drehbar
4 = Öffnung zum gefahrlosen Einschieben
   (Sicherheitsposition, keine Verletzungsgefahr)
5 = Haken in Sicherheitsstellung zum Aufbewahren
6 = Öffnung im Griff, Hakenknopf arretierbar

M = 1 : 1

Wildtransporthaken nach E. Böhm

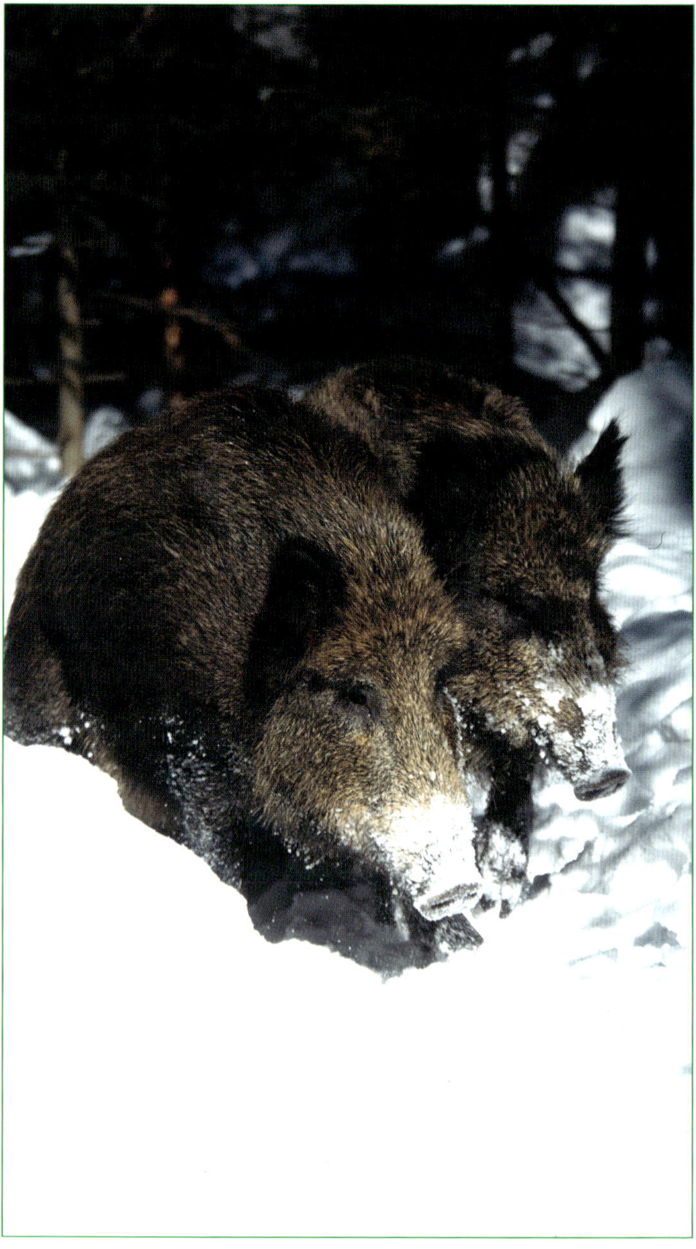

Schlusswort

Die stetig zunehmenden Schwarzwildbestände dringen in Regionen vor, in denen es bisher keine Sauen gab. Flurschäden und die Ausgleichszahlungen mehren sich. Mit dem Einzelansitz ist der Vermehrung nicht mehr hinreichend beizukommen. Drückjagden können sehr erfolgreich sein, wenn sie richtig durchgeführt werden.

Dieses Buch behandelt sowohl kleinere als auch größere und revierübergreifende Drückjagden. Zeichnungen, Fotos und das hier vorgestellte Formblattmaterial bieten Hilfen für die Planung, Organisation und Durchführung von Drückjagden.

Ich danke Herrn Forstdirektor Funk vom staatl. Forstamt Kehlheim und seiner Mannschaft für die Unterstützung bei der Erarbeitung meiner Ausführungen.

Allen Lesern dieses Buches
wünsche ich erfolgreiche Jagd-
tage, guten Anblick
und
Waidmannsheil

EDGAR BÖHM

Edgar Böhm, geboren 1931 in Ostrau, stammt aus einer alten Jägerfamilie. Sein beruflicher Werdegang begann 1949. Er praktizierte auf mehreren Gutsbetrieben. Nach dem Studium der Landwirtschaft (Dipl. Ing. agr. FH) und einem staatlichen Abschluss in der Waldwirtschaft war er an Landwirtschaftsämtern als landwirtschaftlicher Fachberater tätig und ging als Amtsrat in Pension.

Im Laufe seiner mehr als 50-jährigen jägerischen Tätigkeit im In- und Ausland hatte er eine Vielzahl jagdlicher Erlebnisse, die er niederschrieb.

Insgesamt hat er drei Bücher, eine Fibel sowie zwei Manuskripte für weitere Bücher verfasst. Hinzu kommen eine Vielzahl von Fachartikeln in den verschiedenen Jagdzeitungen.

Auch im Fernsehen waren seine Schwarzwildtrittsiegelsammlung und seine Lehrtafeln, die in der Geschäftsstelle des BJV, in Feldkirchen bei München, den Jungjägern als Anschauungsmaterial dienen, zu sehen.

Er wurde mit der goldenen Treuenadel des DJV und der Hegespange des DJV für seine umfangreiche Tätigkeit auf dem Gebiete der Jagd und vor allem für die Nutzbarmachung seiner Schwarzwildkenntnisse ausgezeichnet.

In verschiedenen Verlagen sind von EDGAR BÖHM folgende Bücher/ Fachartikel erschienen:

Bücher:
„Auf Hubertus Spuren" 1995 (Mitautor)
„Jagdpraxis im Schwarzwildrevier" (Autor), 1. Auflage 1997, 2. Auflage 1999
„Schwarzwild-Fährten-Fibel" (Autor), 1. Auflage 2000
„Das Sauenrevier im Jahreslauf" (Autor), 1. Auflage 2002

In Vorbereitung:
„Erlebt, gejagt, erlegt" – Belletristik

Veröffentlichungen in Jagdzeitschriften:
5 Veröffentlichungen in „Jagd in Bayern"
10 Veröffentlichungen in „Die Pirsch"
2 Veröffentlichungen in „Wild und Hund"
l Veröffentlichung in „Jagen weltweit"
u. a. mehr

Literatur-Hinweis:
Bayerisches Staatsministerium für E.L.u.F: Pressemitteilung Nr. 249 vom 01.09.2002

Bundesministerium für E. L. u. F: Öffentlichkeitsarbeit – Tierseuchenbekämpfung

BÖHM, EDGAR 1997, 1. Auflage,1999, 2. Auflage: Jagdpraxis im Schwarzwildrevier ISBN 3-7020-0775-X, Leopold Stocker-Verlag Graz – Wildkrankheiten

Böhm, Edgar (2002) : „Das Sauenrevier im Jahreslauf" ISBN 3-7020-0942-6, Leopold Stocker-Verlag Graz – Waidmännische Ausdrücke beim Schwarzwild

Landw.-Berufsgenossenschaft – „LSV – aktuell", Mitteilungsblatt 3/03: Sauenjagd reizvoll, aber nicht ungefährlich

NEUMANN-NEUDAMM
Verlag für Jagd und Natur

NEUMANN-JAGDPRAXIS

Zur genauen Kenntnis der Lebensgewohnheiten aller Wildtiere gehört neben dem Ansprechen nach Geschlecht, Alter und Vitalität auch das Wissen über die Lebensäußerungen und die Zeichen ihrer Anwesenheit.

In der Reihe „NEUMANN-JAGDPRAXIS" stellen namhafte, aktiv jagende Fachleute Biologie, Verhalten, Pirschzeichen, Merkmale, Trophäen und Besonderheiten unserer Wildarten prägnant und umfassend dar, um schließlich die wesentlichen Jagdmethoden zu erläutern.

Der erfahrene Jäger wird diese kompakten Praxisbücher immer wieder gern als Übersichten nutzen. Dem Jungjäger vermitteln die Autoren leicht verständlich und möglichst praxisnah das jagdliche Grundwissen für erfolgreiches Beobachten, Ansprechen und Bejagen.

Darüber hinaus erscheinen in dieser Reihe, die ständig aktualisiert und erweitert wird, Spezialthemen, wie z. B. das vorliegende Buch oder der Titel „Rund um die Nachsuche", siehe Seite 117.

In Vorbereitung:
Rehwild – Ansprechen und Bejagen

NJN
Seit 1872

Schwalbenweg 1
34212 Melsungen
Telefon (0 56 61/5 22 22)
Telefax (0 56 61/60 08)
info@neumann-neudamm.de
www.neumann-neudamm.de

NEUMANN-NEUDAMM
Verlag für Jagd und Natur

NEUMANN-JAGDPRAXIS

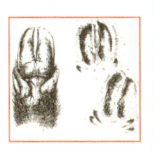

Bestell-Nr. 0789-x

FISCHER/SCHUMANN

Fährten – Spuren – Geläufe

NEUMANN-JAGDPRAXIS

Hardcover
96 Seiten
zahlr. Zeichnungen
Format 11,5 x 19 cm

Bestell-Nr. 0788-1

FISCHER/SCHUMANN

Damwild – Ansprechen und Bejagen

NEUMANN-JAGDPRAXIS

Hardcover
144 Seiten
sämtl. Abb. in Farbe
Format 11,5 x 19 cm

Bestell-Nr. 0816-0

FISCHER/SCHUMANN

Schwarzwild – Ansprechen und Bejagen

NEUMANN-JAGDPRAXIS

Hardcover
144 Seiten
zahlr. Abb. in Farbe
Format 11,5 x 19 cm

NJN
Seit 1872

Schwalbenweg 1
34212 Melsungen
Telefon (0 56 61/5 22 22)
Telefax (0 56 61/60 08)
info@neumann-neudamm.de
www.neumann-neudamm.de

NEUMANN-NEUDAMM
Verlag für Jagd und Natur

NEUMANN-JAGDPRAXIS

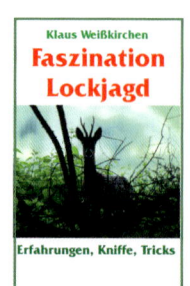

Bestell-Nr. 0789-x

Klaus Weißkirchen
Faszination Lockjagd

NEUMANN-JAGDPRAXIS

Hardcover
96 Seiten
zahlr., meist farbige Abb.
Format 11,5 x 19 cm

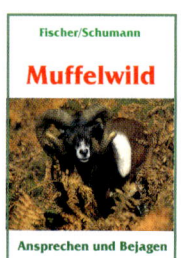

Bestell-Nr. 0788-1

FISCHER/SCHUMANN

Muffelwild – **Ansprechen und Bejagen**

NEUMANN-JAGDPRAXIS

Hardcover
144 Seiten
sämtl. Abb. in Farbe
Format 11,5 x 19 cm

Bestell-Nr. 0816-0

FISCHER/SCHUMANN

Rotwild – **Ansprechen und Bejagen**

NEUMANN-JAGDPRAXIS

Hardcover
180 Seiten
zahlr. Abb. in Farbe
Format 11,5 x 19 cm

Schwalbenweg 1
34212 Melsungen
Telefon (0 56 61/5 22 22)
Telefax (0 56 61/60 08)
info@neumann-neudamm.de
www.neumann-neudamm.de

NJN
Seit 1872

NEUMANN-NEUDAMM
Verlag für Jagd und Natur

NEUMANN-JAGDPRAXIS

Bestell-Nr. 0818-7

BERND KREWER
Rund um die Nachsuche

NEUMANN-JAGDPRAXIS

Hardcover
128 Seiten
sämtl. Abb. in Farbe
Format 11,5 x 19 cm

Solange wir jagen, wird es passieren, daß das beschossene Wild nicht am Anschuss verendet, sondern krank wegflüchtet. – Von der wildartgerechten Kaliber- und Geschosswahl über die Ansprache der Pirschzeichen, die Auswahl und Einarbeitung unseres Nachsuchenhundes bis hin zur juristischen Bewertung grenzüberschreitender Nachsuchen enthält dieses Buch alles, was der normale Jäger wie der Nachsuchen-Einsteiger gleichermaßen wissen und beachten sollte.

NJN
Seit 1872

Schwalbenweg 1
34212 Melsungen
Telefon (0 56 61/5 22 22)
Telefax (0 56 61/60 08)
info@neumann-neudamm.de
www.neumann-neudamm.de

NEUMANN-NEUDAMM
Verlag für Jagd und Natur

Rotwild zeitgemäß hegen und bejagen!

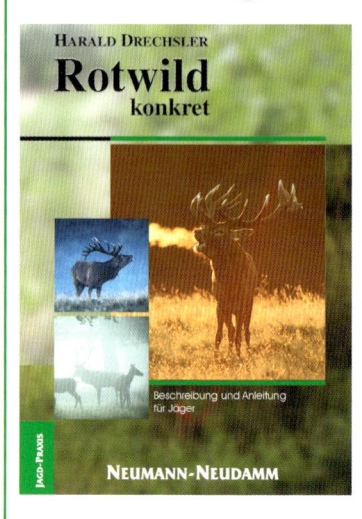

Bestell-Nr.0983-3

HARALD DRECHSLER

Rotwild konret

Hardcover
176 Seiten
zahlr., meist farbige Abb.,
Tabellen, Zeichnungen
Format 17 x 24 cm

Der Lebensraum des Rotwildes ist in den letzten Jahrzehnten immer weiter eingeschränkt und in etwa 80 kleine und sehr kleine Waldvorkommen zerstückelt worden. Unsere größte Wildart war und ist darüber hinaus als vermeintlicher „Waldschädling" erheblichen Anfeindungen und starken Bestandsreduzierungen unterworfen. Die Jäger sind daher gefordert, ihr Möglichstes zur Erhaltung der Lebensräume und der Lebensgrundlagen des Rotwildes zu tun und eine weidgerechte, den natürlichen Erfordernissen angepasste Bestandsregulierung zu gewährleisten.
Nach dem ökologischen Leitsatz „Naturnaher Wald *mit* Wild" vermittelt dieses Buch alles Wissenswerte zur Hege und zur Bejagung dieser faszinierenden Wildart auf so anschauliche Weise, dass auch das Interesse nichtjagender Naturfreunde geweckt wird. In den Fordergrund seiner Ausführungen stellt der Autor ganz bewußt den Schutz und die Erhaltung dieser Wildart.

NJN
Seit 1872

Schwalbenweg 1
34212 Melsungen
Telefon (0 56 61/5 22 22)
Telefax (0 56 61/60 08)
info@neumann-neudamm.de
www.neumann-neudamm.de

NEUMANN-NEUDAMM
Verlag für Jagd und Natur

Umfassendes Kompendium der Revierpraxis

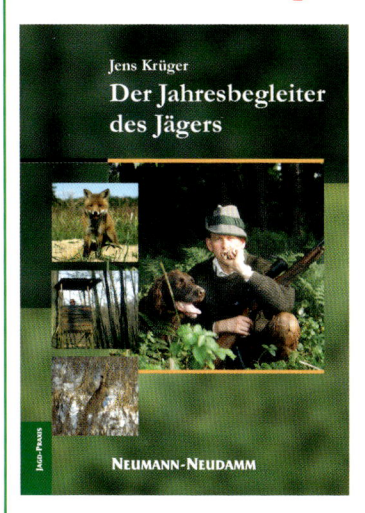

Bestell-Nr. 0846-2

JENS KRÜGER

Der Jahresbegleiter des Jägers

Hardcover
280 Seiten
zahlr. Farbfotos, Tabellen, Zeichnungen
Format 17 x 24 cm

Der Stolz jedes Jägers ist ein eigenes Revier. Doch mit der Übernahme ist er vor ganz neue Aufgaben – Rechte wie Pflichten – gestellt, die häufig wenig mit der Theorie der Vorbereitungskurse zur Jägerprüfung zu tun haben, weil sie ein weit höheres Maß an Sachkompetenz voraussetzen. Der Autor schließt mit dem vorliegenden Buch diese Wissenslücke und stellt die jahreszeitlichen Arbeiten aus der Sicht des Revierjägers dar. Dabei geht er auf die jagdbaren Wildtiere und ihre Bedürfnisse ebenso ein, wie er die Entwicklungen in der Natur, die unentbehrlichen hegerischen Leistungen und die gerechten Bejagungsmethoden zusammenträgt. Alle Tätigkeiten im Laufe des Jagdjahres sowie die Jagdpraxis auf Hoch- und Niederwild werden Monat für Monat anschaulich und gut nachvollziehbar erläutert.

Ein nützlicher Begleiter für jeden Jäger und Naturfreund!

NJN
Seit 1872

Schwalbenweg 1
34212 Melsungen
Telefon (0 56 61/5 22 22)
Telefax (0 56 61/60 08)
info@neumann-neudamm.de
www.neumann-neudamm.de

Kettner

Kompetenz in Jagd...

Das Kettner-Programm rund um Jagd und Revier zielt konsequent auf Ihre Ansprüche als Jäger. Waffen, Optik, Munition und Ausrüstung zeichnen sich durch Qualität, Praxiswert und optimales Preis-/Leistungsverhältnis aus.

Fordern Sie kostenlos den aktuellen Katalog an:
Tel. 0180/58 85-3*
www.kettner.de

...und Jagdreisen in aller Welt

Professionelle Vorbereitung und Abwicklung von Jagdreisen – egal auf welchen Kontinent. Kompetente, ehrliche Beratung, genaue Kenntnisse der Jagdgebiete und langjährige Erfahrung – das alles bietet Kettner Jagdreisen.

Fordern Sie den aktuellen Katalog jetzt kostenlos an:
Tel. 0221/92 01 35-0
jagdreisen@kettner.de

Kettner JAGDREISEN